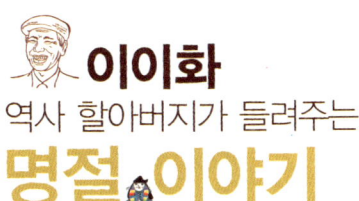

이이화
역사 할아버지가 들려주는
명절 이야기

파랑새 풍속 여행 · 4

이이화
역사 할아버지가 들려주는
명절 이야기

이이화 원작 | 박남정 글 | 김미정 그림

1판 1쇄 발행 2011년 1월 28일 **2판 1쇄 발행** 2011년 12월 15일 **2판 3쇄 발행** 2013년 7월 29일
만든이 정중모 **만든곳** 파랑새 **등록** 1988년 1월 21일(제406-2003-024호)
사진 강릉 단오제 위원회, 광주 남구청 김경종, 국립고궁박물관, 아이색동
주소 서울 마포구 잔다리로 2길 7-0 **전화** 02-3144-1300 **팩스** 02-3144-0775
홈페이지 www.bbchild.co.kr **메일** bbchild@yolimwon.com **ISBN** 978-89-6155-253-0 74380, 978-89-6155-220-2(세트)

ⓒ이이화 2011

* 책값은 뒤표지에 있습니다.   * 저자와의 협의에 의해 인지를 생략합니다.
* 저작자와 출판사의 허락 없이 이 책의 일부 또는 전체를 인용하거나 발췌하는 것을 금합니다.

이이화
역사 할아버지가 들려주는
명절 이야기

이이화 원작 | 박남정 글 | 김미정 그림

파랑새

머리말  어린이에게 보내는 편지

명절에는 건강과 풍년을 기원했지요

이이화 (역사학자)

예전에 살았던 방정환 선생님은 어린이를 끔찍하게도 아껴 주셨습니다. 그 선생님은 어린이들의 말동무가 되어 주셨고 어린이들에게 옛적 이야기를 많이 들려주었습니다. 그 선생님은 옛적 이야기를 할 때 말투와 몸짓에 너무나 강한 정열을 담아 어린이들이 때로는 까르르 웃고 때로는 슬퍼서 울었다고 합니다.

어린이는 마음이 순수하고 자주 감동하며 또 동정심도 많습니다. 그래서 남의 얘기를 곧이곧대로 믿고 받아들입니다. 또 장난꾸러기가 되어 말썽을 부리거나 동무들을 놀리기 좋아하고 호기심이 많아 무슨 물건이든지 보면, 이모저모로 따져 보려 듭니다.

이 책을 지은 할아버지도 방정환 선생님을 본받아 어린이를 아끼고 귀여워하는 마음씨를 가지고 있어요. 또 어릴 때 여러 어린이들처럼 개구쟁이 짓도 많이 했으며 옛날이야기도 듣기 좋아했습니다. 지금 할아버지가 되었어

도 그때 어른에게서 들은 얘기들을 잊지 않고 있습니다. 지금도 그 시절이 그립습니다.

   이 책에는 우리나라 명절의 유래와 그에 얽힌 여러 가지 이야기를 모았습니다. 설날과 추석에 얽힌 얘기라든지, 단오와 동지에 관련된 전설과 여러 가지 명절놀이도 함께 담았습니다.
   명절에는 어른들께 세배를 다니면서 세뱃돈을 받기도 하고, 모두 함께 어울려 연날리기, 윷놀이, 널뛰기, 그네뛰기, 씨름 겨루기를 벌였지요. 철 따라 머리를 감거나 팥죽을 쑤어 질병을 예방하고 나쁜 일을 막는 행사를 하기도 했어요. 이렇게 우리 조상들은 여러 가지 풍습으로 악운을 막고 이웃과 정을 나누며 명절을 재미있게 보냈답니다.
   하지만 우리 조상의 지혜가 고스란히 담겨 있는 명절이 점점 사라져 가고 있어요. 옛날과 생활 방식이 달라지고 있기 때문이지요. 이 책을 읽으며 명절에 대한 정확한 지식과 함께 명절을 재미있게 즐길 수 있는 법도 알게 될 거예요. 어린이는 미래의 희망이요 나라의 보배이니 열심히 읽고 마음과 몸이 모두 건강하게 자라세요.

임진강 가의 헤이리에서
이 책을 지은 할아버지가 씁니다.

차례

첫째 마당 명절은 어떤 날일까?
우리나라 명절, 이렇게 변해 왔어요 10   명절은 어떻게 정했을까? 13
중국과 일본의 명절은 어떤 모습일까? 15   **불 끄고 듣는 이야기**_양력과 음력은 뭐가 다를까? 16

둘째 마당 설날
새 마음으로 맞는 한 해의 첫날 20   만복은 이리로 액운은 휙이 휙이 23
떡국을 먹어야 한 살 더 먹지 25   **불 끄고 듣는 이야기**_야광귀가 진짜 있을까? 28

셋째 마당 정월 보름날
달님, 제 소원을 들어주세요 32   시작하고 준비하는 날, 올해도 부지런히 35
마을 사람 모두가 즐기는 잔치 37   **불 끄고 듣는 이야기**_정월 보름날 개 팔자와 소 팔자 40

넷째 마당 한식
산소 돌보며 조상의 덕을 기리는 날 44   불 피우지 않고 찬밥 먹는 날 46
한식에 비가 오면 풍년이 들어요 48   **불 끄고 듣는 이야기**_중국의 개자추 전설 50

다섯째 마당 삼짇날
강남 갔던 제비가 돌아와요 54   들로 나가 푸른 풀을 밟는 날 56   꽃지짐 부쳐 먹고 버들피리 불고 58
불 끄고 듣는 이야기_온달이 장수로 뽑힌 날 60

여섯째 마당 단오
다가올 여름을 준비하던 날 64   창포의 날, 여자의 날 66   수리떡 먹고 씨름판에서 으라차차 68
불 끄고 듣는 이야기_유네스코 세계 무형 유산 강릉 단오제 70

6 명절 이야기

일곱째 마당 유두

동쪽으로 흐르는 물에 머리를 감아요 74　　새로 수확한 과일은 조상님께 먼저 76
밀가루로 더위와 재앙을 쫓아요 78　　불 끄고 듣는 이야기_옛날 사람들은 얼음을 어디서 구했을까? 80

여덟째 마당 칠월 칠석

견우와 직녀가 만나는 날 84　　칠석은 처녀 총각들의 날 86
여름 음식을 마지막으로 맛보는 날 88　　불 끄고 듣는 이야기_오작교를 건너 견우와 직녀가 만나요 90

아홉째 마당 추석

우리 민족 최대의 명절, 추석 94　　손에 손을 잡고 강강술래를 해요 96
달을 상징하는 송편 98　　불 끄고 듣는 이야기_아주 오랜 옛날부터 시작된 명절, 한가위 100

열째 마당 동지

태양이 다시 살아나는 날 104　　동지에 팥죽을 쑤는 이유 106
기나긴 밤 버선을 만들고 108　　불 끄고 듣는 이야기_동지엔 왜 팥죽을 먹을까? 110

열한째 마당 섣달그믐

한 해를 마무리하는 날 114　　밤새 불 밝혀 나쁜 귀신을 막아라 116　　남은 음식을 처리하던 비빔밥 119
불 끄고 듣는 이야기_조왕신은 고자질쟁이 122

열두째 마당 그 밖에 명절들

영등 | 비바람이 몰아쳐야 좋아요 126　　4월 초파일 | 집집마다 등불을 밝혀요 128
삼복 | 여름 더위를 물리치는 날 130　　백중 | 하루 즐겁게 놀아요 131　　중양절 | 단풍놀이 가요 132
상달고사 | 집 안 신들에게 고사 지내는 날 133

한눈에 보는 명절 풍속들 134

첫째 마당

명절은 어떤 날일까?

우리나라 명절, 이렇게 변해 왔어요	10
명절은 어떻게 정했을까?	13
중국과 일본의 명절은 어떤 모습일까?	15

우리나라 명절, 이렇게 변해 왔어요

설날이나 추석이면 고속도로가 꽉 막히곤 해요. 도시에 사는 많은 사람들이 부모와 함께 명절을 보내고 성묘를 하기 위해서 고향을 찾아가느라 그런 거지요.

그런데 우리는 언제부터 명절을 쇠었을까요?

고대 국가인 동예에서는 음력 10월마다 추수를 감사하며 하늘에 제사를 지냈고, 온 나라 사람이 술 마시고 노래하고 춤추고 함께 즐기며 잔치를 벌였지요. 이것을 '무천'이라고 해요. 고구려에도 음력 10월에 이와

고대 국가 때부터~

비슷한 '동맹'이라는 의식이 있었고, 부여에도 음력 11월에 '영고'라는 의식이 있었어요. 고대 국가의 무천, 동맹, 영고와 같은 의식은 지금의 명절과 비슷한 행사라고 할 수 있지요.

그 뒤에 삼국 시대부터 우리가 알고 있는 설, 정월 보름날, 삼짇날, 단오, 유두, 추석, 중양절, 동지 등의 명절들이 생겨나 지켜졌어요. 그리고 고려 시대에는 삼국 시대부터 지켜 온 명절들 말고도 연등회, 팔관회처럼 불교의 영향을 받은 행사를 온 나라가 떠들썩할 정도로 크게 치렀어요. 고려 시대에는 불교가 중요한 국가 종교였으니까요.

조선 시대에는 설, 정월 보름날, 2월 초하루, 3월 삼짇날, 4월 초파일, 5월 단오, 6월 유두, 7월 백중날, 8월 추석, 9월 중양절, 11월 동지 등을 쇠었어요. 10월과 12월을 빼고는 매달 명절이 있었던 셈이지요.

추수를 감사하며~

그런데 양력을 쓰기 시작하고 일제 강점기를 거치면서 많은 명절이 이름만 남은 채 자취를 감추었어요. 일제 강점기에는 설은 '구정'이고 양력 1월 1일은 '신정'이라고 하면서 신정을 쇠도록 강요했어요. '구정'이란 옛것, 낡은 것이니 버려야 하고 그 대신 새롭고 좋은 '신정'을 받아들이라고 했지요. 하지만 사람들은 신정을 '왜놈 설'이라 하면서 명절로 치지 않았어요. 해방 뒤에도 나라에서 몇 차례 양력 1월 1일을 명절로 삼으려고 했지만 여전히 구정을 쇠는 사람들을 막을 수 없었어요.

명절이란, 오랜 세월 전해 내려오면서 삶 속에 뿌리박힌 것이어서 강제로 바꾸거나 없앨 수 없답니다.

오늘날에는 명절 하면 설날과 추석 정도만 생각하지요. 그 밖의 명절들은 원래의 모습이나 뜻은 대부분 사라지고, 정월 보름날의 부럼, 한식의 성묘, 동짓날의 팥죽 등 몇 가지 풍속만 남아 그 이름을 이어 가고 있답니다.

명절은 어떻게 정했을까?

　명절 날짜를 잘 살펴보면 어떤 날을 명절로 정했는지 짐작할 수 있어요. 설날은 음력 1월 1일, 삼짇날은 음력 3월 3일, 단오는 음력 5월 5일, 칠석은 음력 7월 7일, 중양절은 음력 9월 9일이지요. 모두 홀수가 겹치는 날이죠? 우리 조상들은 홀수는 양의 수, 짝수는 음의 수라고 하여 양의 수인 홀수를 좋은 수라고 생각했어요. 양이란 기운이 밖으로 뻗어 나간다는 말이에요. 홀수가 두 번이나 겹치면 양기가 많아서 더 좋은 날이겠지요? 그래서 우리 명절에는 홀수가 겹치는 날이 많답니다.

　또한 우리 조상들은 보름날도 중요하게 생각하고 명절로 삼았어요. 꽉 찬 보름달을 한번 보세요. 새치름하고 앙증맞아 보이는 반달이나 초승달보다는 꽉 찬 보름달이 더 힘 있고, 소원을 잘 들어줄 것 같지 않나요? 보름 명절에는 정월 보름날(음력 1월 15일), 유두(음력 6월 15일), 백중날(음력

7월 15일), 추석(음력 8월 15일) 등이 있답니다.

    명절은 농사일과도 관계가 깊었어요. 씨 뿌리고 논농사를 준비할 무렵에는 한식이 있고, 단오를 지내고 나면 모내기를 했고, 힘겨운 김매기를 끝내고 나면 백중날을 두어 하루 쉬었어요. 우리 조상들은 명절을 지내면서 일의 때를 알았고, 적당한 때에 휴식을 취하면서 건강도 챙기고 일하기 전에 기운을 북돋웠답니다.

중국과 일본의 명절은 어떤 모습일까?

중국과 일본에도 우리나라와 비슷한 명절이 있어요.

중국은 우리나라 설날에 해당하는 음력 1월 1일을 '춘절'이라 하여 최대 명절로 여겨요. 이날은 집 안을 깨끗이 청소하고 복을 불러들이는 그림을 붙였어요. 음력 8월 15일은 '중추절'로, 우리나라의 추석과 비슷해요. 이날은 제사를 지내고 달맞이를 하고 달 모양의 월병을 먹는답니다.

일본은 음력을 쓰지 않고 양력을 사용해요. 그래서 명절도 모두 양력으로 쇠지요. 일본의 최대 명절은 새해 첫날인 '오쇼가쯔'예요. 이날 일본 사람들은 신사 참배를 하고 아는 이들을 방문해 새해 인사를 하지요. 이때 아이들에게 세뱃돈을 주는 풍속도 있어요. 우리나라 추석과 비슷한 '오봉'에는 조상의 영전에 음식을 차리고 복을 빌어요.

이 밖에도 중국과 일본에는 우리나라와 비슷한 명절이 있지만, 그 풍속과 유래는 조금씩 차이가 있어요. 하지만 우리와 같은 민족인 북한은 오늘날의 우리와 마찬가지로 설날과 추석을 명절로 지낸답니다.

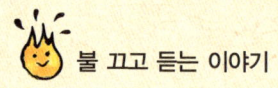 불 끄고 듣는 이야기

양력과 음력은 뭐가 다를까?

설이랑 추석 같은 명절 날짜는 왜 해마다 다를까? 그건, 우리가 명절을 음력으로 쇠기 때문이란다. 책상 앞에 있는 달력을 한번 보렴. 큰 글씨로 쓰인 숫자 밑에 조그맣게 써 놓은 숫자가 보이니? 큰 숫자는 우리가 늘 쓰는 양력이고 작은 숫자는 음력을 나타내.

양력은 지구가 태양의 둘레를 한 바퀴 도는 데 걸리는 시간을 1년으로, 음력은 달이 지구를 한 바퀴 도는 시간을 한 달로 삼아 날짜를 정한 거야. 그래서 양력은 1년이 365일이지만 음력은 1년이 354일쯤밖에 안 된단다. 그래서 1년 뒤에는 양력보다 11일, 3년이 지나면 한 달이나 줄어들지. 그래서 날짜로는 1월인데 어느새 봄꽃이 피거나, 날짜로는 여름인데 가을이 시작되기도 하는 거야. 이렇게 음력은 날짜와 계절의 변화가 잘 맞지 않아 농사일하는 사람들이 사용하기 불편했단다.

그래서 오래전 중국에서는 양력 날짜에 맞춰 '24절기'라는 것을 만들었단다. 그리고 19년에 7번꼴로 대략 3년에 한 번 정도로 한 달을 더 넣어 음력의 날짜 수를 양력과 비슷하게 만들었어. 이것을 '윤달'이라고 해. 만약 윤달이 4월에 들면 1월, 2월, 3월, 4월, 윤4월, 5월……, 이런 식이 돼서 1년이 13개월이 되는 거지.

윤달이 드는 달은 불규칙해서 같은 달에 윤달이 들려면 몇십 년을 기다려야 할 때도 있단다. 2001년 4월이 윤달이었는데, 윤4월이 다시 드는 해는 2020년이거든. 그러니까 2001년 윤4월에 태어난 사람은 20년이 지나야 생일을 제대로 찾아 먹을 수 있는 셈이지. 남들은 1년에 한 번씩 돌아오는 생일을 20년이나 기다려야 한다니 억울하겠지.

둘째 마당

설날

새 마음으로 맞는 한 해의 첫날 ……… 20
만복은 이리로 액운은 훠이 훠이 ……… 23
떡국을 먹어야 한 살 더 먹지 ……… 25

새 마음으로 맞는 한 해의 첫날

설날은 음력 1월 1일, 한 해를 시작하는 첫날이에요. 설날은 '정초' 또는 '원단'이라고도 불러요. 우리 조상들은 첫날을 잘 보내야 일 년이 편안하다고 생각해서 설날에는 가족이나 친척, 이웃과 함께 새해 인사를 나누고 서로의 복을 빌어 주면서 조용하고 차분하게 보냈어요.

설날에는 온 식구가 설빔으로 마련한 깨끗한 옷으로 갈아입고 돌아가신 조상님들께 차례를 드려요. 차례는 조상의 제사를 받드는 종가에서 지내므로 멀리 사는 친척들까지 한자리에 모이게 돼요. 이 자리에서는 자연스럽게 집안의 내력과 조상들의 이야기가 오가기 마련이지요. 아이들은 이런 경험을 통해 자신의 뿌리와 가족 관계를 배우게 된답니다.

설날에는 좋은 일, 좋은 생각만 하고 남에게 하는 말 한마디도 함부로 하지 않았어요. 특히 세배를 할 때는 "건강하세요." "새해 복 많이 받으

세요." "시험에 합격하게나." "올해는 꼭 결혼하려무나."라며 서로의 복을 빌어 주는 좋은 말인 덕담을 주고받았답니다.

온 마을 사람들이 내 집 네 집 없이 정을 나누며 살던 옛날에는 부모나 친척뿐 아니라 마을 어른들한테도 세배를 했어요. 새해가 됐는데도 세배를 하지 않으면 예의가 없다고 생각했지요. 아이들과 젊은이들이 고운 옷을 차려입고 마을 어른들한테 세배를 드리는 모습, 요즘은 보기 힘든 참 정겹고 아름다운 설날 풍경이지요.

만복은 이리로
액운은 훠이 훠이

우리 조상들은 설날에 집에 복이 들어오면 일 년 내내 복이 넘친다고 생각했어요. 그래서 설날에는 복을 부르고, 좋지 않은 기운은 내쫓는 일들을 많이 했어요. 십여 년 전만 해도 설을 앞두고 동네마다 복조리를 팔러 다니는 사람들이 있었어요. 조리는 쌀을 일거나 물기를 뺄 때 쓰는 도구예요. 연초에 사는 조리는 복을 불러온다고 해서 '복조리'라고 했죠.

사실 연초에 물건을 사면 일 년 내내 돈이 많이 나간다고 해서 돈을 잘 쓰지 않았는데, 복조리만은 예외였지요. 일 년 동안 쓸 조리를 사서 방 한쪽 구석이나 대청 한 귀퉁이에 걸어 두고 필요할 때 꺼내 사용하면 복이 많이 들어온다고 믿었거든요.

또 설날 무렵에는 '설 그림'이라 하여 대문이나 벽에 장군, 호랑이, 닭 등을 그린 그림을 붙여 놓았어요. 우락부락하게 생긴 장군이나 사나운 호랑이 그림이 붙어 있으면 나쁜 귀신이 집 안으로 들어오려고 하다가 '어이쿠, 무서워라' 하고 도망간다고 생각했죠. 그런가 하면 힘찬 울음소리로 새벽을 알리는 닭은 희망을 상징하고 밝은 기운을 가져온다고 여겼답니다.

정초에는 남자든 여자든 꼭 필요한 일이 아니면 멀리 외출하거나 여행을 하지 않았어요. 공연히 나갔다가 새해부터 안 좋은 일을 보거나 당하면 일 년 내내 재수가 좋지 않다고 여겼기 때문이지요. 여자들은 더 심해서 세배도 함부로 다니지 못했어요. 양반집 부인들은 세배할 곳이 있으면 여자 종을 깨끗하게 단장시켜 대신 보내기도 했지요. 이때 세배하러 가는 여자 종을 '문안비'라고 불렀답니다.

떡국을 먹어야 한 살 더 먹지

설날의 대표 음식은 단연 떡국이겠지요? 요즘이야 아무 때나 떡국을 끓여 먹지만 옛날에는 설날에만 먹을 수 있는 음식이었어요. 그래서 '떡국을 먹어야 한 살 더 먹는다.'라는 말도 있고, 나이 먹는 것을 '떡국 먹는다.'라고도 하지요.

그런데 설날에 떡국 대신 만둣국을 끓여 먹는 집도 있어요. 분명 할아버지나 증조할아버지가 북쪽에서 사셨던 분일 거예요. 북쪽 지방에서는 쌀이 귀해서 떡국 대신 만둣국을 끓여 먹었답니다.

왜 설날에 떡국을 먹느냐고요? 떡국의 흰색은 새해의 밝고 깨끗한 기운을, 긴 가래떡은 건강하고 오래오래 살라는 뜻을 담고 있어요. 그리고 떡을 엽전처럼 동글동글 썰어 부자가 되라는 기원을 담았지요. 떡국 한 그릇에도 참 많은 의미가 담겨 있지요?

'꿩 대신 닭'이라는 말도 떡국에서 나온 말이에요. 원래는 떡국을 끓일 때 꿩고기를 넣었는데 꿩은 잡기가 쉽지 않았어요. 그래서 꿩 대신 닭고기를 넣어, 아쉽지만 비슷하게 흉내를 낸 데서 이 말이 나왔다고 해요.

설날이 아무리 조심하고 삼가는 날이라고 해도 아이들이 방 안에 가만히 앉아 있지는 않았겠지요? 연날리기나 팽이치기는 겨울철 남자아이들이 가장 좋아하는 놀이였어요.

또 제기차기, 썰매 타기, 바람개비 돌리기도 설날에 하는 놀이예요. 그리고 여자들은 널을 뛰고 놀았어요. 함부로 나들이를 할 수 없던 여자들은 집 안 마당에서 널뛰기를 하면서도 한껏 치장을 했어요. 밤이 되면 여자아이들은 방 안에서 다리 세기를 하고 놀았어요. 또 남녀노소 어우러져 윷놀이를 시작하면 시간 가는 줄 몰랐답니다.

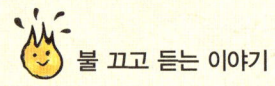 불 끄고 듣는 이야기

야광귀가 진짜 있을까?

"신발 들여놓고 어서 자라, 야광귀 온다!"

설날 밤이 되면 어른들은 아이들에게 야광귀 이야기를 들려주곤 했단다. 야광귀는 설날 밤이면 어슬렁어슬렁 마을로 내려오는 귀신이야. 야광귀는 이 집 저 집을 돌아다니다가 댓돌에 놓여 있는 신발을 신어 보고는 자기 발에 맞으면 "옳지! 딱 맞네." 하고는 신고 가 버린다고 해. 새해 첫날부터 귀신한테 신발을 뺏기면 기분이 좋을 리가 없겠지. 게다가 신발을 빼앗긴 사람은 그 해 재수가 없다고 했어. 그래서 설날 밤이면 신발을 들여놓고 자는 건 기본이고 대문을 일찍감치 닫거나 딱총을 '딱딱' 쏘아 대기도 했단다. 야광귀가 놀라서 도망가게 하려고 말이야. 그런가 하면 어떤 지방에서는 대문이나 장대 끝에 체를 매달아 두기도 했대. 그럼 야광귀가 밤새 체의 눈을 세었대.

"어디 보자. 이게 눈이 몇 개냐? 쉰일곱, 쉰여덟, 쉰아홉……. 어, 내가 어디까지 셌더라……. 에이 모르겠다. 다시 세자. 하나, 둘, 셋……."

이렇게 자신이 뭐 하러 왔는지도 까맣게 잊어버리고 밤새 체의 눈을 세다가 닭이 꼬끼오 하고 울면 부랴부랴 돌아갔대. 그러고 보면 야광귀가 짓궂기는 하지만 어딘지 좀 멍청한 것도 같지?

　그런데 말이야, 너희들 생각에는 야광귀가 진짜 있을 것 같니? 혹시 밤늦게까지 자지 않고 놀고 싶어 하는 아이들을 재우려고 어른들이 꾸며 낸 이야기는 아닐까? 신발을 들여놓고 나면 드나들 수가 없고 게다가 귀신이 온다고 생각하면 왠지 으스스해져서 이불 속으로 숨게 되잖아. 배도 부르고 낮에 실컷 놀았으니 따뜻한 이불 속에 들어가면 얼마나 잠이 잘 오겠니.

셋째 마당

정월 보름날

달님, 제 소원을 들어주세요 32

시작하고 준비하는 날, 올해도 부지런히 35

마을 사람 모두가 즐기는 잔치 37

달님, 제 소원을 들어주세요

정월 보름날은 새해 첫 보름달이 뜨는 날이에요. 이날은 일 년 중 달이 가장 크고 밝게 보여요. 그래서 '대보름날'이라고도 불러요.

달이 뜰 무렵이면 사람들은 앞다투어 달맞이를 하러 산으로 올라갔어요. 크고 둥근 보름달을 남보다 먼저 보면 좋은 일이 생긴다고 했거든요. 달이 떠오르면 사람들은 두 손을 모으고 소원을 빌었어요. "달님, 올해는 제발 장가 좀 가게 해 주세요." "올해 농사 풍년 들게 해 주세요." 하고 말이에요. 또 달빛의 색이나 모양을 보고 날씨나 농사를 점치기도 했어요. 달이 붉으면 비가 적게 와서 가물고, 반대로 달빛이 희면 비가 너무 많이 온다고 생각했지요. 또 달 모양이 흐릿하거나 달무리가 지면 흉년이 들고, 달 모양이 뚜렷하면 풍년이 들 거라고 믿었어요.

달빛이 어두운 밤을 밝히듯 사람들은 이날 크고 작은 불을 피워 질병, 재앙, 액을 쫓고, 좋고 밝은 기운이 가득하기를 빌었어요. 또, 젊은이들은 달집을 지어 불에 태웠는데, 달 뜨는 것을 먼저 본 사람이 달집에 불을 붙

일 수 있었어요. 달집에 먼저 불을 붙이면 총각은 장가를 가고, 장가간 사람은 아들을 낳는다고 했어요. 그래서 서로 불을 붙이려고 야단이었지요.

때로는 달집 속에 대나무를 넣어 태웠어요. 이렇게 하면 대나무가 불에 타면서 "탁, 탁"

올해 농사 풍년 들게 해 주세요~

터지니까 그 소리에 놀라 나쁜 귀신들이 달아난다고 생각했지요. 대보름 전날 밤에는 논둑과 밭둑에 불을 놓는 '쥐불놀이'를 했어요. 아이들은 빈 깡통에 구멍을 뚫고 철사를 맨 다음 깡통 안에 불을 넣고 빙빙 돌렸지요. 지금도 시골에 가면 논밭에서 연기가 나는 모습을 종종 볼 수 있을 거예요. 이렇게 불을 놓으면 들쥐도 도망가고 해충도 잡을 수 있답니다.

　대보름날은 이렇게 달빛과 불의 기운으로 어둠을 몰아내고 온 마을과 마을 사람들의 마음까지 환하게 밝히는 날이랍니다.

쥐불놀이
구멍을 뚫은 깡통에 불을 넣고 줄에 달아 빙빙 돌리며 노는 놀이예요.

시작하고 준비하는 날, 올해도 부지런히

대보름날이 지나면 본격적으로 농사일이 시작돼요. 그 때문에 대보름날에는 풍년을 바라는 풍속들이 유난히 많답니다.

농부들은 대보름 전날 새벽닭이 울기 바쁘게 자기 집 거름더미에서 거름 한 짐을 져다 논에 갖다 부으면서 "올해도 이렇게 부지런히 일하겠습니다. 열심히 일한 만큼 농사가 잘 되게 도와주세요." 하고 빌었어요. 또 대보름날에는 말려 두었던 수숫대로 일 년 동안 집에서 쓸 수수 빗자루를 만들었지요. 집안 살림도 알뜰하게 잘하겠다는 뜻이었어요.

대보름날에는 뭘 하든 아홉 번을 해야 했어요. 대보름 전날 낮에 남자는 나무를 아홉 짐 하고, 베 짜는 부인들은 삼베를 아홉 광주리 삼았어요. 학생들은 글씨를 아홉 줄 쓰고, 밥도 아홉 번 먹었어요.

왜 하필 아홉 번이냐고요? 우리 민족은 9를 '임금 자리', '더없이 높고

깊은 것'을 의미하는 수라고 생각했어요. 어디 한 곳 모난 데 없이 꽉 찬 보름달처럼 이날은 부족함 없이 부지런히 일한다는 뜻으로 뭐든지 아홉 번씩 한 거예요.

농촌에서는 이렇게 대보름 전날 바쁘게 일한 데서 '여름날'이라고도 했어요. 정월 보름날이면 아직도 찬 기운이 느껴질 때이지만 사람들은 벌써 다가올 여름을 생각한 거지요. 그래서 정월 보름날에는 더위를 파는 풍습도 있었답니다. 아침 일찍 마주치는 사람을 불러 상대가 대답하면 "내 더위 사 가라." 하고 말했어요. 그럼 그해 여름 더위를 판 사람은 더위를 먹지 않고 대신 더위를 산 사람이 더위를 먹는다고 여겼답니다.

정월 보름날은 한 해 일을 시작하면서 새롭게 마음을 다잡는 준비의 날, 시작의 날이었답니다.

마을 사람 모두가 즐기는 잔치

다른 풍속들은 대부분 사라졌지만 아직도 대보름날이 가까워지면 시장이나 가게에서 땅콩이나 호두 같은 것들을 잔뜩 쌓아 놓고 파는 것을 볼 수 있어요. 이렇게 껍데기가 딱딱한 견과류를 '부럼'이라고 해요. 정월 보름날 아침 부럼을 깨물어 먹으면 이도 단단해지고 부스럼도 나지 않는다고 해요. 부스럼은 피부가 하얗게 일어나고 고름이 잡히는 피부병이에요. 먹을 것이 귀했던 옛날에는 아주 흔한 병이었지요. 사실 견과류는 비타민과 몸에 좋은 지방이 많아 정말로 피부에 좋은 음식이랍니다.

다른 대보름날 음식에도 각각 의미가 있어요. 대보름날에는 꼭 다섯 가지 곡식으로 지은 오곡밥을 지어 먹었어요. 오곡밥은 더위를 막아 준다고 하여 '더우밥'이라고도 해요. 그런데 오곡밥은 백 집의 것을 먹어야 하고, 그것도 성이 각기 다른 세 집에서 얻어먹어야 좋다고 했어요. 이렇게 하자면 온 마을 사람들이 밥을 서로서로 나눠 먹어야 하니까 그만큼 친해질 수밖에 없었겠지요.

또 대보름날에는 어른 아이 할 것 없이 맑은 술을 한 잔씩 마셨어요. 이 술을 마시면 귀가 밝아진다고 하여 '귀밝이술'이라고 해요. 술은 보통 나이 많은 어른부터 따라 드리지만 귀밝이술만큼은 아이들부터 주었어요. 귀가 밝아져 어른들의 말을 잘 들으라는 뜻이었지요.

이 밖에도 묵은 나물, 복쌈(김이나 마른 취에 밥을 싸서 먹는 쌈) 등 대보름날 먹는 음식에는 건강과 풍요를 기원하는 음식들이 많았답니다.

대보름날 밥상에는 매운 김치나 파래 같은 것은 절대로 올리지 않았어요. 모양이 풀과 비슷하게 생긴 음식들을 상에 올리면 밭에 잡초가 많이 생긴다고 여겼기 때문이랍니다.

명절에 놀이가 빠질 수 없겠죠? 정월 보름날에는 지신밟기나 줄다리기, 고싸움같이 마을 사람들이 모두 힘을 한데 모아 하는 놀이를 주로 했어요.

그리고 밤에는 달맞이나 불놀이 외에도 남녀노소 할 것 없이 마을에 있는 다리를 밟는 '다리밟기'를 했답니다. 나이 수대로 다리를 밟으면 좋다고 해서 다리 주변에는 밤이 늦도록 사람들로 북적였지요. 옛날에는 밤

외출이 쉽지 않던 터라, 휘영청 밝은 보름달 아래에서 마음껏 돌아다닐 수 있었으니 재미있고 신 났겠지요? 게다가 겨우내 움츠렸던 몸도 풀고 다릿심도 기를 수 있었으니 일석이조의 놀이였답니다.

**고싸움놀이
(중요 무형 문화재 제33호)**
고싸움은 주로 전라남도 지역에서 했던 놀이예요. 상대방의 고를 덮쳐 땅에 닿게 하면 이기는데, 승부가 나지 않을 경우 일단 고를 풀어서 줄로 만들어 2월 1일에 줄다리기로 승부를 내기도 했답니다.

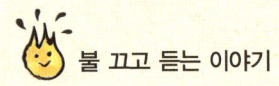 불 끄고 듣는 이야기

정월 보름날 개 팔자와 소 팔자

"아이고, 배고파."
"아니, 동네 잔칫날인데 배가 고프다니 말이 되나?"
"사람들 뒤치다꺼리하느라 오히려 개 보름 쇠듯 했다네."

여기서 '개 보름 쇠듯 한다'는 말은 음식이 넘쳐나고 다른 이들은 다 잘 먹는 날 자기만 쫄쫄 굶었다는 뜻이야.

이런 말이 생긴 것은 정월 보름날 개에게 밥을 안 줬기 때문이란다. 이 날 개에게 밥을 주면 개가 마르고 파리가 들끓는다고 하여 보름달이 뜨기 전까지는 밥을 안 주었거든. 그러니 다들 잘 먹는 날 굶주린 사람을 보고 '개 보름 쇠듯 한다'고 할 만하지.

정월 보름날 개를 굶긴 이유에 대해서는 귀한 오곡밥을 차마 개에게 줄 수가 없었기 때문이라는 말도 있고, 개가 달을 먹어 보름달이 점점 줄어든다고 여겼기 때문이라는 말도 있단다.

정월 보름날 개는 이렇게 쫄쫄 굶었지만 오히려 대접을 잘 받은 짐승도 있어. 바로 소란다. 이날 소에게는 곡식 쭉정이를 가려내는 키 위에다 갖가지 음식들을 잘 차려 주었대. 그리고 소가 어떤 음식을 먼저 먹는지 보고 그 해 농사를 점치기도 했단다.

"이것 봐, 소가 밥을 먼저 먹었네."

"허허, 그럼 올해에는 곡식 농사가 풍년이 들겠구먼."

"그러게, 작년엔 나물을 먼저 먹어 채소 농사가 풍년이 들더니 말이야."

정월 보름날, 농사에 도움이 안 되는 개는 굶기고 농사에 꼭 필요한 소는 잘 먹인 것은 우리 조상들에게 농사가 그만큼 중요했기 때문이란다.

넷째 마당

한식

산소 돌보며 조상의 덕을 기리는 날 …………… 44

불 피우지 않고 찬밥 먹는 날 …………… 46

한식에 비가 오면 풍년이 들어요 …………… 48

산소 돌보며 조상의 덕을 기리는 날

　한식은 동지로부터 105일째 되는 날이에요. 한식은 시끌벅적하게 즐기기보다는 조상의 산소를 살피고 그 덕을 기리며 차분하게 보내는 명절이랍니다.

　우리나라는 신라 시대부터 한식을 명절로 삼았다는 기록이 있어요. 고려 시대에는 이날 모든 벼슬아치에게 휴가를 주어 성묘를 하도록 하고 죄수를 벌하지도 않았다고 해요. 조선 시대에도 한식을 큰 명절로 여겨 설날, 단오, 추석과 함께 4대 명절로 쳤지요. 이날 궁궐에서는 임금의 조상을 모신 종묘와 왕릉에 제사를 지내고 잔치를 베푸는 등 하루를 성대하게 보냈어요. 하지만 요즘에는 다른 행사는 없어지고 성묘하는 풍습만 남았답니다.

한식은 음력으로는 2월 끝 무렵부터 3월 첫 무렵이에요. 양력으로는 4월 5, 6일쯤이니까 식목일과 겹치는 때도 많지요. 이 무렵이면 "나무를 거꾸로 꽂아도 싹이 튼다."라고 할 만큼 땅에 물이 오르고 날씨도 따뜻해서 잔디나 나무를 심기에 더없이 좋은 날이에요. 그래서 이날은 겨우내 찾지 못했던 조상의 산소를 찾아가 조상님께 인사를 드리고, 잔디가 마르거나 벗겨진 부분에는 새 잔디를 심고 산소 주변을 손질했어요. 옛날만큼 성대한 행사는 없지만 요즘도 한식이면 고속도로가 막힐 만큼 고향에 있는 산소를 찾는 사람들이 많답니다.

불 피우지 않고 찬밥 먹는 날

한식을 우리말로 옮기면 '찬밥 먹는 날'이라는 뜻이에요. 그런데 왜 한식에는 찬밥을 먹게 됐을까요? 그 유래에 대해서는 여러 가지 이야기가 있어요.

지금처럼 가스레인지나 전기가 없던 옛날에는 집집마다 일 년 내내 불씨를 꺼트리지 않고 잘 보관했어요. 조선 시대에는 한식 무렵에 왕이 대궐에서 버드나무나 느릅나무에 붙인 새 불을 각 지방의 관아에 나누어 주었어요. 그러면 일반 가정에서도 묵은 불을 끄고 관아에서 새 불을 받아다 붙였지요. 묵은 불은 새 불을 받기 전에 미리 꺼 두어야 하는데, 새 불이 대궐에서 관아를 거쳐 일반 가정집에 이르려면 꽤 시간이 걸리니까 밥을 미리 지어 둔 거예요. 그러니까 찬밥을 먹을 수밖에 없었지요.

찬밥을 먹게 된 다른 이야기도 있어요. 한식 무렵은 비가 적고 건조한

데다 바람도 많이 불기 때문에 자칫 잘못하면 불이 나기 쉬운 때였어요. 불이 하도 자주 나니까 세종 대왕은 금화도감을 설치해 관리들에게 마을을 돌면서 백성들이 불을 쓰지 않게 지도하라고 했어요. 나라에서 불을 쓰지 못하게 하니까 미리 밥을 해 두었다가 찬밥을 먹게 된 거지요.

한식 무렵 불조심을 강조하는 것은 요즘도 마찬가지예요. 한식에 성묘를 하면서 향을 피우다 산불이 나는 경우가 많거든요. 그러고 보면 예나 지금이나 한식에는 '불조심'이 가장 중요한 때인 거 같아요.

한식에 비가 오면 풍년이 들어요

한식 무렵 농가에서는 각종 씨앗을 뿌리고 논농사를 준비하느라 무척 바빠요. 그래서인지 한식과 풍흉을 관련짓는 속담이 많지요. 좋지 않은 일이 생길 것 같을 때는 '한식에 천둥 친다'라고 해요. 한식에 천둥이 치면 흉년이 들고 나쁜 일이 생긴다고 여겼기 때문이지요. 반대로 '한식에 비가 오면 개 불알에 이밥이 붙는다'는 말이 있어요. '이밥'은 쌀밥을 말해요. 한식에 비가 오면 개도 먹고 남을 만큼 쌀농사가 풍년이 든다는 뜻이지요.

한식은 농사일이 바쁠 때라 추석이나 설날처럼 먹을 것이 풍성하거나 시간이 여유롭지는 않아요. 그래서 한식에는 제사 음식을 간단하게 차려 산소를 찾아가 조상님께 절을 올리고 잡풀을 뽑으면서 조용하게 보냈지요. 찬 음식을 먹는 한식에는 메밀국수를 별식으로 먹었어요. 이것을 '한

식면'이라고 하지요. 또 이 무렵은 조기가 제철이라 한창 맛이 있어요. 한식 무렵에 잡은 조기를 '한식사리'라고 부르며 귀하게 여겼지요. 그리고 쑥이 돋아날 때라 어리고 연한 쑥을 뜯어 쑥탕을 끓여 먹고 쑥떡도 해 먹었답니다.

한식에 비가 오면 풍년이 들지!

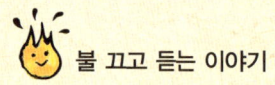 불 끄고 듣는 이야기

중국의 개자추 전설

　중국에서는 한식을 '냉절'이라고 한단다. 냉절도 '차가운 날'이라는 뜻이야. 중국에서도 이날 찬밥을 먹지. 오늘은 중국에서 이날 찬밥을 먹게 된 이야기를 해 줄게.

　중국 진나라의 왕 문공이 태자 시절, 누명을 쓰고 쫓기는 신세가 되었을 때란다. 나라를 탈출해 이곳저곳을 떠돌 때 문공을 따르던 신하 중에 개자추라는 사람이 있었어. 오랫동안 도망자 신세로 여기저기 떠돌다 보니 돈도 떨어지고 먹을 것도 없어 문공이 굶어 죽을 지경에 이르렀지. 그러자 개자추는 자신의 넓적다리 살을 베어서 구워 문공에게 올렸어. 대단한 충신이지? 세월이 흘러 문공은 누명을 벗고 왕위에 오르게 되었어. 그런데 간신들의 꾐에 빠져 개자추가 잘못을 저질렀다고 생각하고 그를 찾지 않았어. 개자추는 섭섭한 마음이 들어 홀어머니와 함께 산속으로 들어가 버렸지. 나중에서야 진실을 알게 된 문공은 개자추를 불러들였단다.

　"나에게 그토록 충성스러웠던 개자추를 나 몰라라 했다니, 어서 그를 불러 높은 벼슬을 주도록 해라."

하지만 문공이 아무리 불러도 개자추는 산속에서 나오지 않았다는구나. 그러자 문공은 개자추가 있는 산에 불을 내도록 했단다.

"산에 불을 지르면 뛰어나오겠지. 불을 질러라!"

산이 활활 타들어 갔지만 개자추는 끝까지 나오지 않고 홀어머니와 함께 버드나무 밑에서 불에 타 죽고 말았어. 왕은 슬퍼하며 해마다 개자추의 제사를 지내 주었단다. 개자추의 제삿날이 바로 '냉절'이야. 불에 타 죽은 사람에게 더운밥을 줄 수는 없다 하여 이날은 불을 피우지 못하게 하고 찬 음식을 먹는 풍속이 생겼다는구나.

다섯째 마당

삼짇날

강남 갔던 제비가 돌아와요	54
들로 나가 푸른 풀을 밟는 날	56
꽃지짐 부쳐 먹고 버들피리 불고	58

강남 갔던 제비가 돌아와요

삼짇날은 3이 두 번 든 음력 3월 3일이에요. 원래는 뱀이 땅속에서 꿈틀대며 나올 준비를 하는 날이라 하여 3월의 뱀날을 삼짇날로 정했지요. 그래서 '상사', '원사'라고도 불렀어요. 하지만 뱀날이 해마다 달라져 들쑥날쑥하자 조선 후기에 들어서 3월 3일을 삼짇날로 정한 거예요. 우리 민족은 예로부터 3을 행운과 완성을 뜻하는 수로 여겼어요. 그래서 3이 겹치는 3월 3일은 더욱 좋은 날이라고 생각한 거지요.

이날은 강남 갔던 제비가 돌아오고, 산과 들에 꽃이 피어나고 온갖 동

이제 나가 볼까?

물들이 활동을 시작하는 날이기도 해요. 사람들도 두꺼운 겨울옷을 벗어 던지고 나들이하기에 좋은 때였지요. 그래서 이날은 모두들 바쁜 일을 뒤로 하고 음식을 장만해서 산과 들로 나가 봄을 한껏 즐겼어요. 게다가 삼짇날에는 제사나 성묘 등 격식을 갖춰야 하는 행사가 거의 없어서 훨씬 편안하고 여유롭게 놀 수 있었답니다.

와! 제비가 돌아왔다.

들로 나가 푸른 풀을 밟는 날

삼짇날 남자들은 경치 좋은 계곡이나 냇가를 찾아 모처럼 소매와 바짓가랑이를 걷어 올리고 팔과 다리를 씻었어요. 그리고 갓을 벗어 겨우내 묵은 때를 씻고 담뱃대도 물에 담가 묵은 진을 떼어 내었지요.

겨우내 집 안에만 있던 여자들도 삼짇날에는 바구니를 끼고 산과 들로 나와 봄나물을 뜯으며 봄기운을 만끽했어요. 그리고 떡과 국수를 싸 들고 나가 경치 좋은 곳에 자리를 잡고 앉아 하루를 즐기기도 했어요. 그래서

삼짇날을 '답청절'이라고도 부른답니다. '답청'이란 푸른 풀을 밟는다는 뜻이지요. 서당에서 공부하는 학생들도 이날만은 산과 들로 나가 화전을 지져 먹으며 봄을 즐겼어요. 이를 '꽃다림'이라고 해요.

 삼짇날 들놀이를 나가지 않으면 집에서라도 집 안 대청소를 하거나 장독대나 울타리를 손질하며 하루를 보냈어요. 우리 조상들은 이날 장을 담그면 맛이 좋고 집 안을 손질해도 탈이 없는 날이라 여겼지요. 그리고 돌아올 제비를 위해 제비 집도 정성껏 손질했답니다.

꽃지짐 부쳐 먹고
버들피리 불고

　삼짇날 음식의 재료로 빼놓을 수 없는 것이 '꽃'이에요. 옛사람들은 지천으로 피어 있는 봄꽃을 따다 음식을 해 먹었답니다.

　대표적인 음식이 '꽃지짐(화전)'이에요. 찹쌀가루를 반죽하여 참기름을 바르고 위에 진달래 꽃잎을 얹어 지져 먹으면 맛도 좋지만 보기에도 좋아 입맛을 절로 돋워 주던 별식이었지요. 꽃지짐은 요즘도 봄을 상징하는 음식으로 손꼽힌답니다. 이 밖에 꽃국수(화면)나 수면, 진달래꽃 화채 같은 것도 모두 꽃을 이용해 만든 별미예요. 흰떡을 구슬 모양으로 만들어 다섯 개씩 꿴 산떡이나 부드러운 쑥을 이용해 만든 쑥떡도 삼짇날 즐겨 먹던 음식이지요.

　삼짇날 무렵은 활쏘기에도 더없이 좋은 날이라 전국 각처에서는 남자들이 편을 짜 활쏘기를 하며 승부를 겨뤘어요. 그리고 산이나 물가에서 재미삼아 닭싸움도 했지요. 사내아이들은 물이 올라 보드라운 버드나무

가지를 꺾어 손으로 비틀어 속을 빼낸 뒤 둥그렇게 남은 껍질을 피리처럼 불었어요. 이것을 '호드기'라고 하는데 잘 불면 제법 그럴싸한 소리가 난답니다. 여자아이들은 새로 돋아난 풀로 각시 인형을 만들어 놀았어요. 이렇게 삼짇날에는 어른도 아이도 자연과 어우러져 봄을 맞고 즐겼답니다.

또한 삼짇날에는 처음 보는 나비로 한 해 운수를 알아보기도 했어요. 노랑나비나 호랑나비를 보면 소원이 이루어진다고 하여 좋은 징조로 여겼고, 흰 나비를 보면 하얀 상복을 입을 징조라 하여 불길하게 생각하였지요.

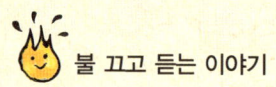 불 끄고 듣는 이야기

온달이 장수로 뽑힌 날

　온달과 평강 공주 이야기는 모두 잘 알고 있겠지? 바보라고 손가락질 받던 온달이 평강 공주를 만나 훌륭한 장수가 되었다는 이야기 말이야.
　그런데 바보 온달이 갈고닦은 무예 실력을 선보여 왕에게 인정을 받은 날이 바로 3월 삼짇날이었단다. 고구려에서는 삼짇날 사냥 대회를 열고, 사냥으로 잡은 짐승으로 하늘과 산천의 신에게 제사를 지냈어. 온달이 바로 이 대회에 참가한 거지.
　고구려 대동강 가의 낙랑 언덕에 많은 병사와 사람들이 모여들었어. 사냥 대회를 알리는 북소리가 둥둥 울려 퍼지고 왕과 신하, 병사, 백성들까지 모두 숲 속으로 들어가 사냥 실력을 겨뤘지. 온달 역시 자신이 길들인 말을 타고 사냥터로 갔단다. 온달은 누구보다 앞서 달렸고 짐승도 가장 많이 잡았어.
　용맹하게 내달리는 온달을 보며 왕이 신하에게 물었겠지.
　"저자가 누구인가?"

"예, 온달이라는 자이온데 용맹하기가 이루 말할 수가 없고 활 솜씨도 아주 뛰어납니다."

"아니, 온달이라면 그 옛날 내가 평강 공주에게 시집가라고 했던 그 자가 아닌가?"

사냥 대회가 끝나고 왕은 온달의 단단한 어깨를 끌어안고는 감격에 겨워 눈물을 흘렸을지도 몰라. 그러고는 아마도 이렇게 외쳤을 거야.

"그대를 고구려의 장수로 임명하노라!"

여섯째 마당

단오

다가올 여름을 준비하던 날 64
창포의 날, 여자의 날 66
수리떡 먹고 씨름판에서 으라차차 68

다가올 여름을 준비하던 날

음력 5월 5일은 단오예요. 단오는 설날, 한식, 추석과 함께 4대 명절로 꼽힐 만큼 큰 명절이에요. 단오는 '수릿날'이라고도 해요. 수리란 수레를 뜻하는 옛말로, 단오에 해 먹는 쑥떡이 수레바퀴 모양처럼 생겨 '수리'라는 이름이 붙었다고 해요. 또 '수리'라는 말에 '높다' '신'이라는 뜻도 있어서 '최고의 날' '신의 날'이라는 뜻으로 단오를 수릿날이라 한다고도 해요.

경상북도 지방에서는 며느리도 이날만큼은 온종일 그네를 뛰며 놀 수 있는 날이라는 뜻에서 단오를 '며느리 날'이라고 했지요. 경기도 동두천에서는 단오 무렵이면 미나리가 억세진다고 해서 '미나리 환갑날'이라고도 불렀답니다.

단오는 여름으로 접어드는 때에 있는 명절이에요. 그래서 단오에는 몸에 좋은 음식을 먹고, 여러 가지 풍속으로 질병을 예방하고, 각종 놀이를 하며 몸을 단련했어요. 몸에 좋은 약초들을 말려서 갈무리하는 것도 이때였지요. 농가에서는 보리를 수확하고 모내기를 끝낸 뒤라 잠시 쉬면서 풍년을 기원하는 제사나 행사를 치렀어요.

또 전주, 남원 등지에서는 단오에 부채를 만들어 왕에게 바쳤어요. 이 부채를 '단오 부채'라고 해요. 왕은 이 부채를 신하들에게 나누어 주었고 신하들은 다시 일가친척에게 선물로 주었어요. 일반 백성들 사이에서도 단옷날 선물로는 부채가 으뜸이었지요. 그런가 하면 옛날 처녀 총각들에게 단오는 가슴 뛰는 날이었어요. 평소에는 얼굴을 마주칠 일이 거의 없지만 이날만은 여러 가지 놀이를 즐기면서 슬쩍슬쩍 얼굴을 보기도 하고 눈길을 주고받을 수도 있었답니다.

창포의 날, 여자의 날

삼짇날이 '꽃의 날'이라면 단오는 '창포의 날'이에요. 창포는 연못이나 습지에서 자라는 식물이에요. 잎에서는 좋은 향이 나고 여러 가지 약효가 있어서 한약의 재료로도 쓰이지요.

또 단오는 '여자의 날'이라고 할 만큼 여자들을 위한 풍속이 많았어요. 이날 여자들은 음식을 챙겨 물가로 나가 물맞이를 하며 몸을 씻기도 하고 창포 삶은 물로 머리를 감기도 했어요. 창포물에 머리를 감으면 머리카락이 빠지지 않고 윤기가 흐르니 천연 샴푸라고 할 수 있었지요.

창포 뿌리를 잘 다듬어 비녀로 만들고 '행복하고 오래 산다'는 뜻인 '수복'이라는 글자를 새겨 머리에 꽂기도 했어요. 이것을 '단오장'이라고 불러요. 이렇게 하면 두통을 막고 액을 물리칠 수 있다고 믿었답니다.

그런가 하면 남자들은 창포로 만든 술을 마시거나 창포 뿌리를 허리에 차고 다녔어요. 창포가 나쁜 일을 막아 준다고 생각했거든요. 실제로 창포는 위와 장에 좋아 지금도 약재로 쓰이고 있답니다.

수리떡 먹고
씨름판에서 으라차차

    단오의 으뜸 음식은 수리떡이에요. 수리떡은 쑥이나 취 같은 짙은 녹색 식물을 쌀가루에 넣어 반죽한 뒤 수레바퀴 무늬의 떡살로 찍어 둥그렇게 만들어요.

    이 무렵 영그는 앵두로 만든 앵두화채나 앵두편도 단오의 별식이었어요. 전라도에서는 옥수수나 쌀 따위로 튀밥을 만들어 새참으로 먹었고, 제주도에서는 보릿가루에 누룩을 넣고 부풀린 기루떡을 해 먹었어요.

    단오에는 쓴맛이 나는 쑥과 익모초를 뜯어 즙을 내 마시기도 했어요. 왕의 건강을 책임지던 내의원에서는 단오에 제호탕과 옥추단을 만들어서 왕에게 바쳤다고 해요. 제호탕은 각종 한약재를 달여 꿀과 섞은 음료이고, 옥추단은 여름철 배탈이 났을 때 물에 개어 먹는 구급약이랍니다.

    단오의 놀이로는 그네뛰기와 씨름을 빼놓을 수 없지요. 여자들은 새 옷을 입고 한껏 치장을 한 뒤 그네를 뛰고, 남자들은 씨름판에서 힘자랑을 했어요. 그네는 대개 4월 초파일 무렵부터 5월 단오까지 한 달 동안 매어 놓았어요. 특히 단오에는 그네뛰기 대회를 열었어요. 《춘향전》에서 이몽룡이 그네 뛰는 춘향이를 보고 첫눈에 반한 날도 바로 이때였지요.

모래판 위에서 씨름 대회도 열렸어요. 큰 씨름 대회에서는 우승하는 사람에게 황소를 상으로 주기도 했어요.

또 단오 저녁에는 탈놀이를 벌여 흥을 돋웠어요. 이날 탈놀이를 하면 마을에 병이 없고, 풍년이 든다고 믿었거든요. 또 탈을 문에 걸어 두면 잡귀가 침범하지 못한다고 여겼답니다.

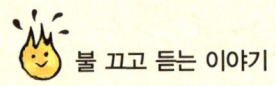 불 끄고 듣는 이야기

유네스코 세계 무형 유산 강릉 단오제

아주 오랜 옛날 고대 국가에서는 씨앗을 뿌리고 난 뒤 5월이면 풍년을 기원하며 하늘에 제사를 드리고 축제를 벌여 남녀가 모여 술 마시고 함께 춤추며 놀았단다. 이런 축제의 전통이 이어져 내려온 것이 단오제야. 그 가운데에서도 가장 규모가 크고 지금까지 잘 전해져 내려온 것이 바로 강릉 단오제란다.

강릉 단오제는 강릉 지방의 수호신인 국사서낭신과 여국사서낭신을 함께 모셔 제사를 올리고, 다시 각각의 사당으로 모시는 것으로 진행된단다. 남자신 국사서낭신과 여자신인 여국사서낭신을 결혼시킨 다음 신혼여행을 보내 드리는 셈이지.

국사서낭신이 여국사서낭신과 함께 지내는 5일 동안 대관령 아래에 사는 강릉 지방 사람들은 모두 모여 아침저녁으로 제사를 지내고 무당을 불러 굿도 하며 마을이 평안하고 농사가 잘되고 고기도 잘 잡히기를 빈단다. 이때 관노가면극 놀이도 하고 그네뛰기, 씨름, 농악 등 다양한 행사도 함께 열리지.

  오랜 세월에 걸쳐 전해져 내려온 강릉 단오제는 그 성격이나 형태가 다른 나라에서는 쉽게 찾아보기 힘들 정도로 독창적이야. 또 예술성도 뛰어나서 2005년 11월 25일에 유네스코 인류 구전 및 무형 유산 걸작으로 선정되었단다. 이제 강릉 단오제는 강릉 사람들뿐만 아니라 세계인 모두가 관심을 갖는 축제이니 잘 보존하고 지켜 가야겠지.

관노가면극
강원도 강릉에서 전해 오는 탈놀이로, 대사 없이 춤과 몸짓으로만 구성된 국내 유일의 무언극이에요.

일곱째 마당

유두

동쪽으로 흐르는 물에 머리를 감아요 · · · · · · · 74
새로 수확한 과일은 조상님께 먼저 · · · · · · · 76
밀가루로 더위와 재앙을 쫓아요 · · · · · · · 78

동쪽으로 흐르는 물에 머리를 감아요

유두는 음력 6월 15일로 한창 무더울 때예요. 한여름에는 더위에 지쳐 기운을 잃기 쉽지요. 유두는 시원한 물가에 나가 몸에 좋은 음식을 먹고 차가운 물에 몸을 담그면서 쉬는 날이었어요. 지금의 여름휴가라고 할 수 있지요.

유두는 '동쪽으로 흐르는 물에 머리를 감는다.' 라는 뜻이에요. 예로부터 동쪽을 맑고 푸르고 좋은 기운이 많은 곳이라 여겼어요. 그래서 동쪽으로 흐르는 물에 몸을 씻으면 좋지 않은 기운들을 다 떨쳐 버려 건강하게 여름을 날 수 있다고 생각했지요. 유두에는 남녀노소를 가리지 않고 가족이나 친척, 친구나 이웃과 어울려 시원한 계곡을 찾아 물놀이를 갔답니다.

유두와 관련된 속담 가운데 '유두에 비가 오면 연달아 사흘을 내린다.'

라는 말이 있어요. 외출이 자유롭지 않은 옛날 여자들에게 유두는 시원한 물가에 나가 몸을 씻을 수 있는 날이었어요. 그러니 그날 비가 오면 얼마나 하늘이 원망스러웠겠어요. 그래서 유두에 비가 오면 여자들의 한이 서려서 비가 오래 내린다고 해요. 사실은 유두 무렵이 장마철이라 여러 날 비가 내리기 마련이었지만요.

새로 수확한 과일은 조상님께 먼저

유두 무렵엔 오이, 호박, 감자, 참외, 수박 같은 여름 작물을 수확해요. 그래서 유두에는 여름 농사를 무사히 끝내게 해 준 조상님께 감사 드리고 가을 농사도 풍년이 들기를 기원하는 고사를 지냈답니다. 이를 유두 천신이라 하는데, '천신'이란 새로 난 것을 받들어 올린다는 뜻이에요. 그래서 유두 천신 때 올리는 음식에 새로 수확한 여름 과일들이 빠지지 않지요. 이밖에도 유두에 만든 별식과 기장, 조, 콩 등도 사당에 올리고 고사를 지냈답니다.

농촌에서는 논의 물꼬나 밭 가운데에 밀떡이나 참외, 생선 같은 음식을

차려 놓고 고사를 지냈어요. 그리고 고사가 끝나면 자신의 논이나 밭에 음식을 묻었지요. 아까운 음식을 왜 논밭에다 묻었냐고요? 옛사람들은 농사를 잘되게 해 주는 농신이 따로 있다고 믿었어요. 농신이니 당연히 논밭에 있다고 생각했겠지요? 그래서 논밭에 음식을 차리고 묻어서 풍년이 들게 해 달라고 빈 거예요.

'6월 유두에 물꼬에 음식을 차려 놓으면 벼멸구가 없어진다.'는 말이 있어요. 물꼬는 논에 물을 모았다 내보냈다 하는 물막이를 말하고, 벼멸구는 벼농사를 망치는 해충이에요.

옛날에는 농약이 따로 없어서 해충 때문에 애를 먹었어요. 그런데 우리 조상들은 기름 성분을 물꼬에 부으면 벼멸구가 떠내려가 없어진다고 생각했어요. 그래서 논의 물꼬에 기름진 음식을 차려 두었던 거예요.

밀가루로
더위와 재앙을 쫓아요

보리나 밀이 나는 시기였던 유두에는 별식으로 밀가루 음식이 많았어요. 이날 밀가루로 국수를 만들어 먹으면 병 없이 오래 살고 더위도 덜 탄다고 여겼지요. 또 호박이 제철이라 밀가루에 호박을 채 썰어 넣고 밀전병을 부쳐 먹었어요. 밀가루에 콩이며 깨를 듬뿍 넣고 꿀물에 버무려 찐 상화떡도 별식이었어요. 이 밖에도 편수나 밀쌈 같은 것도 즐겨 먹었고, 쌀가루를 쪄서 구슬같이 동글동글 빚어 차가운 꿀물에 넣어서 먹는 수단이나 그냥 먹는 건단도 유두의 별식이었지요. 또 유두에 여자는 수탉, 남자는 암탉을 먹으면 모든 병을 물리칠 수 있다고 했어요. 요즘 여름철 보양식으로 삼계탕을 먹는 것과 비슷하지요?

이런 풍속 말고 밀가루를 반죽해 구슬처럼 만들어 색으로 물들이고, 세 개씩 포개 색실로 꿴 다음, 허리에 차거나 대문 위에 걸어 두는 풍습도 있었어요. 이렇게 하면 병과 재앙, 잡귀를 막을 수 있다고 믿었답니다.

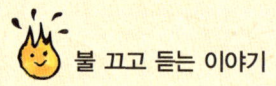 불 끄고 듣는 이야기

옛날 사람들은 얼음을 어디서 구했을까?

유두에 먹는 별식 가운데 얼음물에 동동 띄워 먹는 수단이 있어. 옛날에는 냉장고가 없었는데, 무더운 여름에 어디서 얼음을 구했을까?

조선 시대에는 궁중 및 높은 벼슬아치들이 여름철에 사용할 얼음을 관리하는 '빙고'라는 기관이 있었어.

얼음은 겨울에 채취하여 창덕궁 안에 있는 내빙고와 4대문 밖에 있는 외빙고에 보관했어. 외빙고는 두 곳이 있었는데, 동빙고는 한강 동쪽에 있고 서빙고는 한강 서쪽에 있는 얼음 창고였지. 동빙고의 얼음은 제사에 사용하고, 서빙고의 얼음은 벼슬아치들에게 나눠 주었단다.

기록에 따르면 유두 무렵에는 왕이 벼슬아치들에게 얼음 표를 나눠 주어 얼음을 가져다 쓰게 했다는구나.

얼음은 한겨울에 한강에서 채취했어. 추운 날씨에 찬바람이 쌩쌩 부는 한강에 나가 얼음을 깨고 빙고까지 나르려면 정말 힘들었겠지. 게다가 요즘처럼 두꺼운 외투가 있는 것도 아니고 배부르게 먹을 만큼 식량이 넉넉

한 것도 아니었으니 백성들의 고생이 말이 아니었겠지.

조선 후기 정조 임금은 이를 안타깝게 여겨 얼음을 채취하는 백성들과 얼음을 나르는 데 쓰이는 배와 말 따위에 모두 대가를 지불하라고 했대. 나중에는 내빙고를 아예 없애도록 했단다.

여덟째 마당

칠월 칠석

견우와 직녀가 만나는 날 84
칠석은 처녀 총각들의 날 86
여름 음식을 마지막으로 맛보는 날 88

견우와 직녀가 만나는 날

　　음력 7월 7일은 칠석이에요. 홀수인 7이 두 번 들어갔으니 양기가 왕성하여 아주 좋은 날이라 생각했지요. 게다가 견우와 직녀의 전설 때문에 특별한 풍속들이 더해졌어요. 견우와 직녀의 전설은 별자리의 움직임을 보고 옛사람들이 만들어 낸 이야기예요. 견우성은 독수리자리의 으뜸 별인 알타이르이고, 직녀성은 거문고자리의 으뜸 별인 베가예요. 두 별은 서로 마주보고 있으며 여름에 가장 밝게 빛났어요. 은하수의 동쪽과 서쪽 끝에 있는 견우성과 직녀성은 칠석 무렵이 되면 하늘 한가운데로 모여 마치 두 별이 일 년에 한 번씩 만나는 것처럼 보였지요.

　　원나라의 노국공주와 결혼한 고려의 공민왕은 이날 견우성과 직녀성에게 제사를 지내고 벼슬아치들에게 상을 주며 하루를 특별하게 보냈어

요. 공민왕은 간혹 노국공주가 친정인 원나라에 갈 때면 견우와 직녀 못지않게 안타까운 이별을 해야 했기에 칠석이 더욱 각별했을 거예요.

칠석은
처녀 총각들의 날

 칠석은 긴 여름 장마가 끝났을 때예요. 그래서 사람들은 주로 칠석에 눅눅해진 옷과 책을 내어 햇볕에 말렸어요. 이때 책을 말리면 썩거나 좀이 슬지 않는다고 믿었거든요. 이렇게 책과 옷을 말리는 것을 '쇄서폭의'라 고 해요. 온 동네 사람들이 옷과 책을 내놓고 말리니까 그 집의 살림살이가 넉넉한지 쪼들리는지가 그대로 드러났지요.

 기후가 온화한 경상도와 전라도, 제주도 지방에서는 칠석이면 여자들이 물맞이를 했어요. 칠석에 맑은 샘물을 마시거나 목욕을 하면 속병이 낫고 부스럼이 안 생긴다고 믿었거든요. 그래서 '칠석에는 쇠먹이로 주는 물도 약이 된다.'는 속담도 있답니다.

 칠석은 처녀 총각들의 날이기도 해요. 요즘은 좋아하는 사람에게 초콜릿이나 사탕을 주는 풍습이 있는데, 예전에는 칠석에 평소 마음에 담아 둔 총각이나 처녀에게 은행나무 씨앗을 선물로 주었답니다. 또 어떤 지방에서는 신랑 신부가 혼례 때 함께 입을 댈 표주박을 심고, 짝떡이라고 하는 반달 모양의 흰 찰떡을 먹으며 마음 맞는 짝과 결혼하게 해 달라고 빌기도 했지요.

여름 음식을
마지막으로 맛보는 날

　여름 막바지에 있는 이른 칠석에는 밀전병과 밀국수 등 밀가루 음식을 별식으로 해 먹었어요. 칠석이 지나고 찬바람이 일기 시작하면 밀가루에서 냄새가 나서 맛이 없어졌거든요. 사실 밀가루는 찬 성질이 있어 여름에 제격인 음식이에요. 또한 이 무렵은 보리나 감자, 수수를 수확할 때라 이것으로 떡을 해 먹기도 했어요.

　별의 전설이 깃든 칠석엔 특별히 별에게 제사를 지내고 소원을 빌었어요. 여자들은 새벽에 일어나 참외, 오이 등 계절 음식을 상 위에 놓고 절을 하거나 장독 위에 정화수를 떠 놓은 다음, 그 위에 고운 재를 평평하게 담은 쟁반을 올려놓았어요. 그러고는 베 짜는 솜씨나 바느질 솜씨가 늘게 해 달라고 빌었지요. 한참 지난 뒤에 음식 위에 거미줄이 쳐져 있거나 재 위에 무엇이 지나간 흔적이 있으면 베 짜는 선녀인 직녀가 자신들의 소원을 들어준 것이라 믿었답니다. 또 할머니와 어머니들은 장독 위에 정화수를 떠 놓고 가족이 병 없이 오래 살고 집안이 평안하기를 빌었지요.

칠석날 여자들은 바느질이나 수놓는 실력을 겨루었어요. 밤에는 별빛 아래에서 바늘에 실을 꿰었어요. 그리고 한 번에 실을 꿴 바늘을 잘 간직해 두었다가 과거 보러 가는 사람의 옷에 몰래 꽂아 두면 그 사람은 꼭 급제한다고 믿었답니다.

남자들은 이날 새끼 꼬기 시합과 씨름, 풍물놀이를 했어요. 서당의 아이들은 견우와 직녀를 주제로 시를 짓기도 했지요.

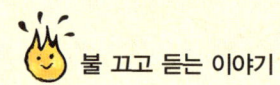 불 끄고 듣는 이야기

오작교를 건너 견우와 직녀가 만나요

　칠석에는 견우와 직녀의 애틋하고 아름다운 사랑의 전설이 깃들어 있단다. 하늘나라에 소를 치는 견우라는 청년과 베를 짜는 직녀라는 처녀가 있었어. 두 사람은 보자마자 사랑에 빠졌지. 금방 보고 헤어져도 또 보고 싶고, 늘 함께 있고 싶었으니 일이 손에 잡히지 않았단다. 옥황상제는 두 사람이 일을 게을리하자 불같이 화를 냈어.

　"안 되겠다. 두 사람이 못 만나도록 은하수 양쪽 끝으로 멀리 떨어뜨려 놓아라!"

　그래서 견우와 직녀는 헤어지게 됐어. 그런데 두 사람이 서로 그리워하며 흘린 눈물 때문에 홍수가 나고 말았대.

　그러자 옥황상제도 어쩔 수 없었지.

　"어이쿠, 그렇게도 좋을까. 할 수 없다. 두 사람을 일 년에 딱 하루만 만날 수 있도록 해야겠다."

　이렇게 해서 견우와 직녀는 일 년에 한 번 만날 수 있게 됐어. 이날이 바로 칠석이야. 그리고 이날 까마귀와 까치가 견우와 직녀를 만나게 해 주려고 '오작교'라는 다리를 놓는단다. 그 바람에 칠석이 지나면 까마귀와 까치의 머리털이 다 빠져 하얘진다고 하는구나.

칠석에는 대개 흐리거나 비가 오는 경우가 많아. 밤에 비가 오면 견우와 직녀가 만나 기뻐서 흘리는 눈물이라고 하고, 새벽에 비가 오면 두 사람이 헤어지기 아쉬워 흘리는 눈물이라고 해. 어떤 사람은 두 사람이 타고 갈 수레를 서로 씻어 주는 물이라고도 하더구나.

아홉째 마당

추석

우리 민족 최대의 명절, 추석	94
손에 손을 잡고 강강술래를 해요	96
달을 상징하는 송편	98

우리 민족 최대의 명절, 추석

음력 8월 15일은 추석이에요. 추석은 설날과 함께 지금까지도 우리나라 사람들이 가장 크게 생각하는 명절이지요. 추석은 추수를 앞두고 있는 때여서 농사일에 여유도 있고, 먹을거리가 많아 여느 때보다 풍성한 명절이에요. 그래서 '더도 말고 덜도 말고 한가위만 같아라.'는 말도 있지요. 추석은 '한가위'라고도 해요. 아름답고 밝은 보름달이 뜨는 날, 사람들은 농사일이 무사히 끝나고 풍성한 수확을 하게 된 것을 감사하면서 햅쌀과 햇과일 등으로 조상들에게 차례를 지내요. 그리고 조상의 산소에 가서 인사를 드리고 풀을 베고 산소를 깔끔하게 정리하지요.

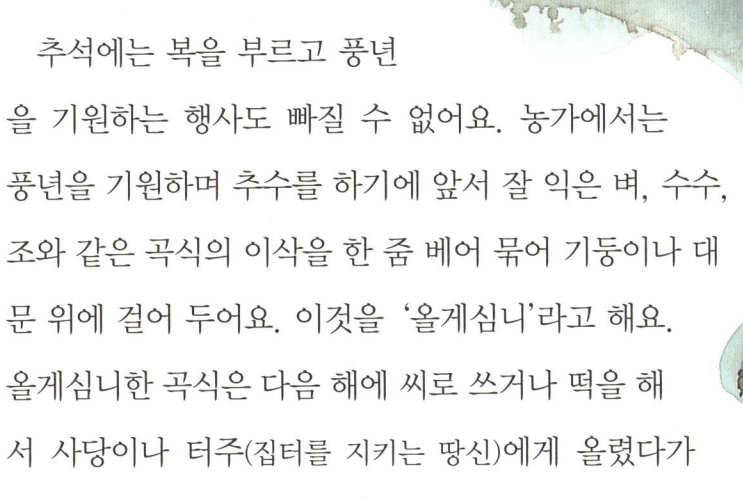

보름달이 떴네~

추석에는 복을 부르고 풍년을 기원하는 행사도 빠질 수 없어요. 농가에서는 풍년을 기원하며 추수를 하기에 앞서 잘 익은 벼, 수수, 조와 같은 곡식의 이삭을 한 줌 베어 묶어 기둥이나 대문 위에 걸어 두어요. 이것을 '올게심니'라고 해요. 올게심니한 곡식은 다음 해에 씨로 쓰거나 떡을 해서 사당이나 터주(집터를 지키는 땅신)에게 올렸다가 먹었어요.

전라남도 진도에는 밭고랑을 기는 풍속이 있어요. 음력 8월 14일 저녁에 아이들이 밭에 가서 발가벗고 자기 나이대로 밭고랑을 기는 거예요. 이렇게 하면 몸에 부스럼이 나지 않고 밭농사도 잘된다고 믿었답니다.

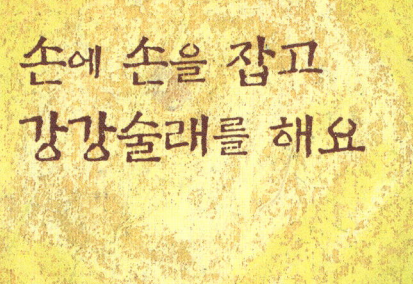

손에 손을 잡고 강강술래를 해요

　추석은 온 마을 사람들이 한데 어우러지는 신명 나는 축제 날이에요.
　남해안 지방에서는 추석에 보름달이 뜨면 부녀자들이 곱게 단장하고 바닷가에 모여 강강술래를 했어요. 강강술래는 손에 손을 잡고 둥글게 원을 그리며 노래하고 뛰어노는 놀이예요.
　강강술래는 임진왜란 때 시작되었다는 이야기가 있어요. 이순신 장군이 적군에게 우리나라 군사의 숫자가 많은 것처럼 보이게 하기 위해 여자들에게 군복을 입혀 빙빙 돌며 춤을 추게 한 데서 유래했다고 해요. 이때 후렴으로 부르던 강강술래는 '오랑캐가 물을 건너온다.'는 뜻이었어요. 추석에는 서당도 며칠 동안 문을 닫았어요.

그 덕분에 아이들도 모처럼 자유롭게 놀 수 있었지요. 이때 아이들이 즐겨 한 놀이가 원놀음과 가마싸움이에요. 원놀음은 가장 공부를 잘하고 재치 있는 아이가 원님을 하고 나머지 아이들은 백성이 되어 가짜로 재판을 벌이는 놀이예요. 가마싸움은 수레가 달린 가마를 만들어 다른 서당의 아이들과 가마를 서로 부딪치며 노는 놀이예요. 가마싸움에서 이기면 과거에 급제하는 아이가 많이 나온다고 믿어 격렬한 싸움이 벌어지기도 했답니다.

달을 상징하는 송편

　추석 음식 하면 가장 먼저 송편이 생각날 거예요. 송편은 쌀가루를 반죽해 콩, 팥, 밤, 대추 등 햇곡식을 넣고 만든 떡이에요. 송편을 찔 때 시루에 소나무 잎을 깔기 때문에 '송편'이라고 불리게 되었지요. 솔잎을 깔면 떡이 쉽게 상하지 않을 뿐 아니라 떡이 서로 붙지 않고 솔잎 향이 배어 맛이 더 좋아져요. 추석 전날 밝은 달을 보면서 가족들이 모여 송편을 만들어요. 송편을 예쁘게 만들면 예쁜 아기를 낳는다고도 하고, 잘생긴 남편이나 부인을 만난다고 해서 서로 누가 예쁘게 만드나 경쟁을 해 가며 만들었답니다.

　추석에는 햅쌀로 술을 빚어요. 그리고 이날만은 누구에게나 아낌없이 술과 음식을 대접했지요. 추석날 가장 좋은 안주는 바로 닭고기였어요.

봄에 알에서 깨어난 병아리가 추석 무렵엔 맛이 좋은 영계로 자라 집에서 기른 닭을 잡는 경우도 많았고, 어른을 찾아뵐 때나 경사가 있을 때 닭을 선물하는 일이 흔했지요.

이 밖에 추석에는 숙주나물과 토란국을 먹었어요. 감, 배, 대추, 밤 등 햇과일도 많이 나와 어떤 명절보다 풍성하고 배부른 날이었답니다.

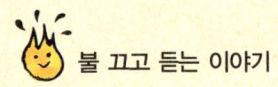 불 끄고 듣는 이야기

아주 오랜 옛날부터 시작된 명절, 한가위

'추석'이라는 말은 중국의 한 책에 나오는 '춘조양 추석월(봄 햇빛, 가을 달빛)'이라는 말에서 따온 거야. 그런데 '추석'이라는 한자어를 쓰기 전부터 우리나라는 음력 8월 15일을 명절로 지켜 왔단다.

김부식이 쓴 《삼국사기》를 보면 이 명절의 유래가 나와있어. 신라 제3대 유리왕 9년(서기 32년) 때야. 왕은 6부로 나누어진 지역을 두 패로 나누어 여자들끼리 베 짜기 시합을 벌이게 했어. 그리고 왕족에서 두 여자를 골라 각 편의 우두머리로 삼았지. 여자들은 7월 16일부터 날마다 각 부의 뜰에 모여서 밤늦게까지 베를 짰단다. 이렇게 한 달 남짓을 보낸 뒤 8월 15일에 드디어 겨루기가 끝이 나고 어느 편이 베를 더 많이 짜고 곱게 짰는지 비교했어. 진 편은 술과 음식을 마련해 이긴 편에게 대접해야 했어. 물론 이 음식을 이긴 편만 먹었을 리는 없겠지. 한 달 동안 베 짜느라 힘들었던 여자들은 한데 어울려 춤도 추고 노래도 하고 맛있는 음식도 먹으며 즐겼단다. 이 행사를 '가배'라고 불렀어.

가배란 말에는 '갚는다'는 뜻이 있어. 진 편이 술과 음식을 마련해 갚았으니 갚는 날이라고 할 수도 있겠지. 또 가배는 '가운데'라는 뜻도 있었대. 가배라는 말이 세월이 흐르면서 점차 '가뷔' '가위'로 변한 거지. 여기에다 '하나' '으뜸' '크다' '중앙'의 뜻을 가진 '한'이라는 말과 같이 어우러져 '한가위'가 되었단다.

그러니까 한가위란 '가을의 한가운데'라는 뜻이 되는 거지. 기록에 있는 것만으로도 신라 시대부터니 우리 명절 한가위의 역사가 얼마나 오래됐는지 짐작이 가지?

열째 마당

동지

태양이 다시 살아나는 날 104
동지에 팥죽을 쑤는 이유 106
기나긴 밤 버선을 만들고 108

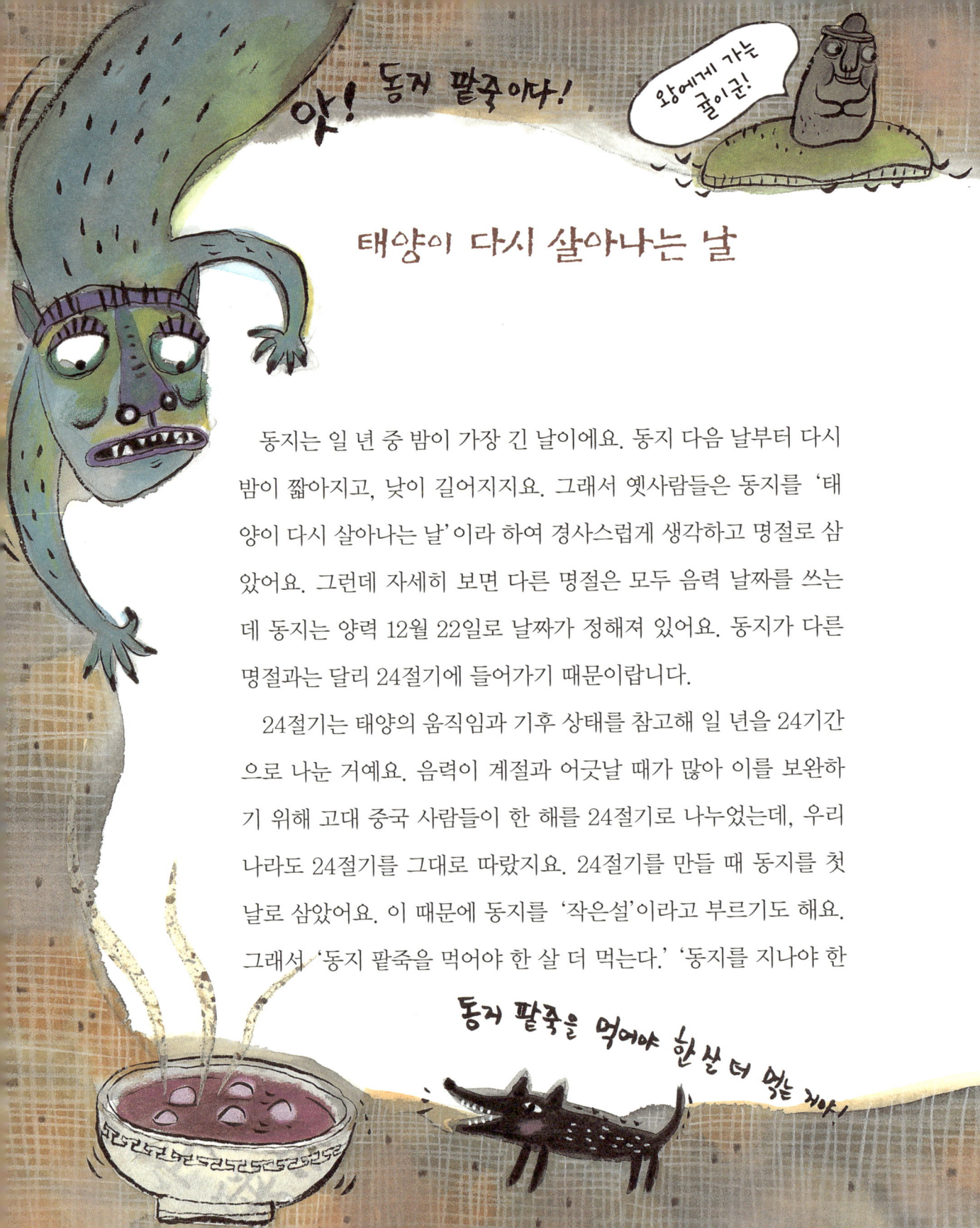

태양이 다시 살아나는 날

동지는 일 년 중 밤이 가장 긴 날이에요. 동지 다음 날부터 다시 밤이 짧아지고, 낮이 길어지지요. 그래서 옛사람들은 동지를 '태양이 다시 살아나는 날'이라 하여 경사스럽게 생각하고 명절로 삼았어요. 그런데 자세히 보면 다른 명절은 모두 음력 날짜를 쓰는데 동지는 양력 12월 22일로 날짜가 정해져 있어요. 동지가 다른 명절과는 달리 24절기에 들어가기 때문이랍니다.

24절기는 태양의 움직임과 기후 상태를 참고해 일 년을 24기간으로 나눈 거예요. 음력이 계절과 어긋날 때가 많아 이를 보완하기 위해 고대 중국 사람들이 한 해를 24절기로 나누었는데, 우리나라도 24절기를 그대로 따랐지요. 24절기를 만들 때 동지를 첫날로 삼았어요. 이 때문에 동지를 '작은설'이라고 부르기도 해요. 그래서 '동지 팥죽을 먹어야 한 살 더 먹는다.' '동지를 지나야 한

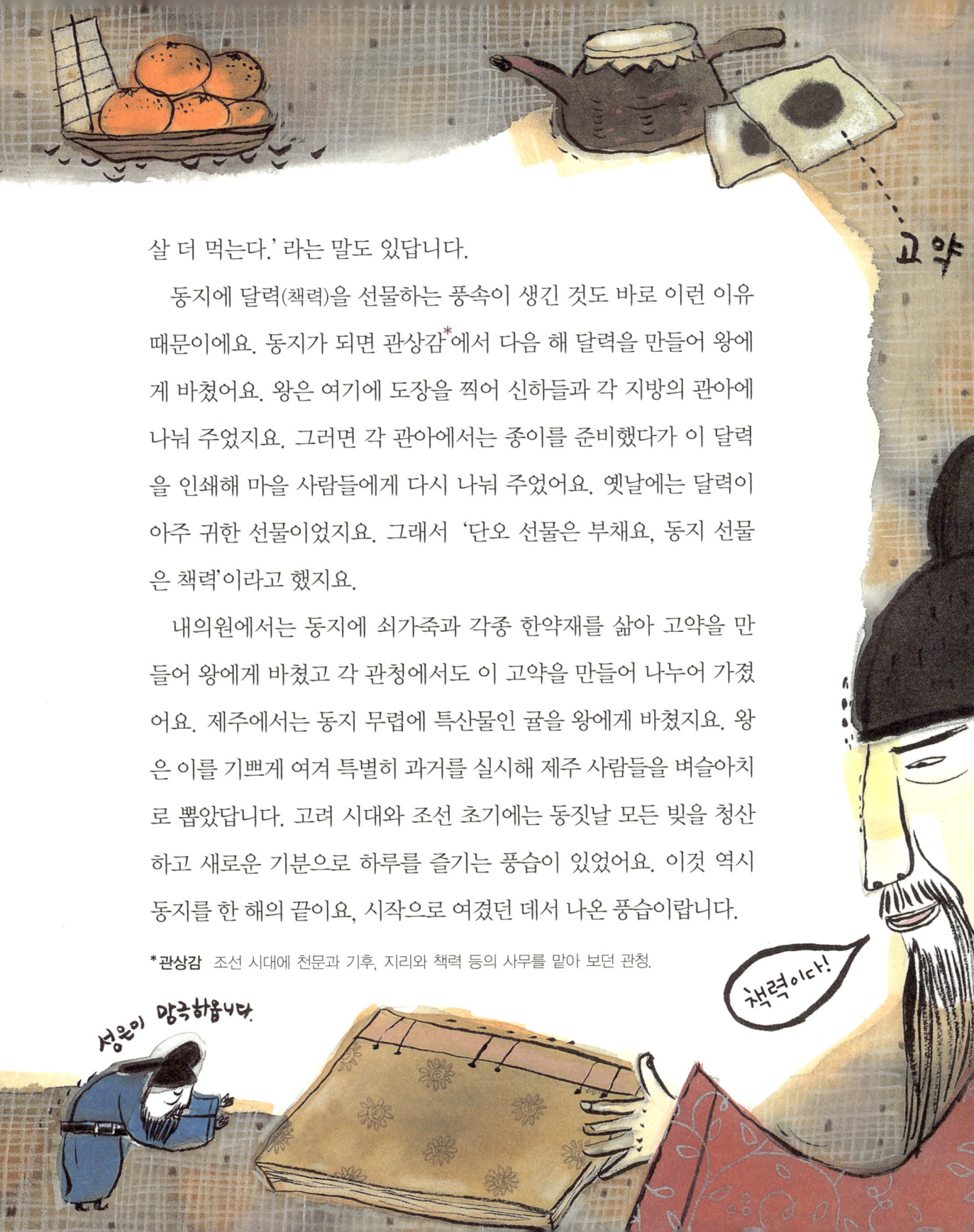

살 더 먹는다.'라는 말도 있답니다.

　동지에 달력(책력)을 선물하는 풍속이 생긴 것도 바로 이런 이유 때문이에요. 동지가 되면 관상감*에서 다음 해 달력을 만들어 왕에게 바쳤어요. 왕은 여기에 도장을 찍어 신하들과 각 지방의 관아에 나눠 주었지요. 그러면 각 관아에서는 종이를 준비했다가 이 달력을 인쇄해 마을 사람들에게 다시 나눠 주었어요. 옛날에는 달력이 아주 귀한 선물이었지요. 그래서 '단오 선물은 부채요, 동지 선물은 책력'이라고 했지요.

　내의원에서는 동지에 쇠가죽과 각종 한약재를 삶아 고약을 만들어 왕에게 바쳤고 각 관청에서도 이 고약을 만들어 나누어 가졌어요. 제주에서는 동지 무렵에 특산물인 귤을 왕에게 바쳤지요. 왕은 이를 기쁘게 여겨 특별히 과거를 실시해 제주 사람들을 벼슬아치로 뽑았답니다. 고려 시대와 조선 초기에는 동짓날 모든 빚을 청산하고 새로운 기분으로 하루를 즐기는 풍습이 있었어요. 이것 역시 동지를 한 해의 끝이요, 시작으로 여겼던 데서 나온 풍습이랍니다.

*관상감　조선 시대에 천문과 기후, 지리와 책력 등의 사무를 맡아 보던 관청.

동지에 팥죽을 쑤는 이유

동짓날에는 어느 집에서나 팥죽을 쑤어 먹었어요. 동지 팥죽에는 새알처럼 동글동글한 찹쌀 단자를 넣었지요. 이 찹쌀 단자를 '새알심'이라고 하는데, 새알심은 꼭 나이 수대로 먹었어요. 그래서 '동지 팥죽을 먹어야 한 살 더 먹는다.'라고 했지요.

옛날 사람들은 붉은색이 나쁜 귀신을 쫓고 좋지 않은 일을 막아 준다고 여겼어요. 그래서 동지에 팥죽을 쑤어 먹었지요. 동짓날 팥죽을 쑤면 가장 먼저 사당에 올렸어요. 방, 부엌, 곳간, 장독대 등 집 안 이곳저곳에 놓아두기도 하고 대문과 벽에 뿌리기도 했어요. 귀신이 팥죽의 붉은색을 보고 도망간다고 생각했거든요. 어떤 지방에서는 전염병이 유행할 때 우물에 붉은

팥을 넣으면 물이 맑아지고 질병이 없어진다고 믿었답니다. 지금도 생일이면 팥밥을 하고 큰일을 치르거나 집안에 좋은 일이 있을 때면 팥떡을 해서 이웃에 돌리곤 하지요. 팥이 나쁜 기운을 막아 주는 부적 역할을 한다고 생각하는 거예요.

동짓날에는 악귀를 쫓기 위해 한자로 뱀을 뜻하는 '巳(뱀 사)'자를 써서 벽이나 기둥에 거꾸로 붙여 놓기도 했어요.

전라도 지방에서는 열두 달을 뜻하는 12개의 접시에 팥죽을 떠 놓고 팥죽이 식은 모양을 보고 농사가 잘 될지 안 될지 점을 치기도 했어요. 식은 팥죽에 금이 생기지 않으면 농사가 순탄하고, 금이 생기면 농사가 잘 안 된다고 생각했어요. 특히 그릇 가에 물기가 생기면 비가 많이 오고, 물기가 없으면 가뭄이 든다고 믿었지요.

기나긴 밤 버선을 만들고

동지 무렵은 농사일이 모두 끝난 뒤라 한가했어요. 남자들은 동네 사랑방에 모여 이야기꽃을 피우며 다음 해 농사에 쓸 새끼를 꼬고, 짚으로 짚신이며 망태기를 삼았지요.

손재주 좋은 사람들은 멍석, 봉새기(짚으로 만든 곡식 담는 바구니), 삼태기, 조루막, 꼴망태 등 다양한 생활용품과 새해에 쓸 복조리를 만들기도 했어요.

하지만 여자들은 동지부터 더 바빠졌지요. 여자들은 농사가 끝나도 간장, 된장, 고추장을 만들기 위해 메주를 쑤고, 무말랭이 등 각종 푸성귀를 말리고 거두기에 바쁜 철이었거든요.

특히 동지에는 시할머니

나 시어머니, 시누이, 시고모 등 시집의 어른들과 손윗사람들에게 버선을 만들어 드리는 풍속이 있었어요. 동짓달에 새 버선을 신고 해그림자를 밟으면 수명이 길어진다고 했거든요. 재봉틀도 없던 시절, 한 땀 한 땀 손바느질로 버선을 여러 켤레 만들어야 했으니 여자들에게 동짓달 밤은 무척이나 고단하고 힘들었을 거예요.

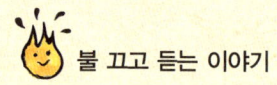 불 끄고 듣는 이야기

동지엔 왜 팥죽을 먹을까?

중국의 어느 마을에 한 부부가 살았대. 그런데 이 부부의 아들이 소문난 망나니라 부모님 말씀도 안 듣고 나쁜 짓만 골라 했대. 이렇게 말썽만 부리던 아들이 어느 해 동지에 갑작스럽게 병이 들어 죽어 버렸지 뭐냐. 그런데 이놈이 죽어서도 나쁜 버릇을 못 고치고 글쎄 무서운 전염병을 옮기는 귀신이 되었대. 아들이 죽은 것은 슬프지만 그 아들이 귀신이 되어 마을에 들어오면 전염병을 옮겨 다른 사람들까지 죽게 할 것 아니겠니.

'어떻게 하면 이 귀신이 마을에 못 들어오게 할까?'

아버지는 궁리를 했어. 그런데 가만 생각해 보니 아들이 살아 있을 때 팥으로 만든 음식을 유난히 싫어하고 무서워하던 게 떠오른 거야.

'옳다, 이 녀석이 살아서 팥을 싫어했으니 아마 죽어서도 그럴 거야.'

그래서 아버지는 마을 사람들에게 팥죽을 끓여 뿌리라고 했대. 그랬더니 정말로 이 귀신이 얼씬도 못하고 사라졌대.

그때부터 동지에 팥죽을 끓여서 먹고 뿌리는 풍속이 생겼단다. 어때,

그럴듯하지?

또 이런 이야기가 있어. 옛날 어느 임금이 난리가 나자 피난을 가서는 백마를 잡아 피를 뿌려 제사를 지내고는 난리를 무사히 넘겼대. 안 좋은 일이 있을 때마다 계속 백마를 죽일 수가 없으니까 그 다음부터는 핏빛과 비슷한 팥죽을 끓여 제사를 지냈다는 거야.

두 이야기는 많이 다르지만 공통되는 것이 하나 있지. 바로 팥죽의 붉은 빛이 나쁜 재앙이나 질병, 재난을 막아 준다는 거란다.

으악, 붉은색이다!

열한째 마당

섣달그믐

한 해를 마무리하는 날 ……………… 114
밤새 불 밝혀 나쁜 귀신을 막아라 ……………… 116
남은 음식을 처리하던 비빔밥 ……………… 119

한 해를 마무리하는 날

복물 떠 오니?

음력 12월이 끝나는 날, 섣달그믐은 한 해의 마지막 날이에요. 이날을 '제야'라고 하지요. 모든 것을 덜어 내고 해가 바뀌는 밤이라는 뜻이에요.

이날 사람들은 한 해를 정리하고 다가오는 새해를 맞이하기 위해 분주하게 보냈어요. 여자들은 설날 차례에 쓸 음식을 장만하느라 바빴고, 남자들은 마당을 쓸고 골목을 치우고 외양간의 거름도 퍼내며 집 안팎을 청소했지요. 그리고 제야에는 '묵은세배'라 하여 가까운 친지나 웃어른들께 인사를 드렸어요. 조선 시대 끝 무렵까지도 친척이나 웃어른들에게 묵은세배를 하러 가는 사람들 때문에 이날은 초저녁부터 밤중까지 길거리에 등불이 줄을 이었다고 해요.

섣달그믐 새벽에는 '복 물을 떠 온다.' 하여 남보다 일찍 우물물을 길

어 오고 대문에는 소금을 뿌려 부정한 것이 들어오지 못하게 막았어요. 또 이날은 유난히 저녁을 일찍 먹었어요. 그래야만 농사일이 일찍 끝난다고 믿었거든요. 저녁밥을 지을 때는 살림살이가 불어나기를 비는 마음에서 일부러 밥을 넉넉히 해서 남겨 두기도 했어요. 이와 비슷한 풍속으로 경상도 지방에서는 섣달그믐 밤에 돈을 쌓아 놓고 "아따, 돈도 많다." 하고 끌어안으면 부자가 된다고 여겼답니다.

밤새 불 밝혀 나쁜 귀신을 막아라

섣달그믐 밤에는 밤이 새도록 집 안 여기저기에 불을 환하게 밝혀 두었어요. 불을 밝혀 두면 밝은 것을 싫어하는 귀신이 집 안으로 들어오지 못한다고 생각했답니다. 우물에도 바가지에 참기름을 붓고, 종이로 심지를 만들어 불을 붙혀 띄웠어요. 그렇게 하면 물이 마르지 않는다고 믿었거든요.

섣달그믐 밤에는 불 속에 대나무를 넣어 태웠어요. 그러면 대나무 마디가 터지면서 폭죽처럼 요란한 소리가 났지요. 이 소리에 놀라 집 안에 숨어 있던 나쁜 귀신들이 달아난다고 생각했거든요. 남해안 지방

에는 섣달그믐 저녁에 메밀을 껍질째 삶아 집 주변에 뿌려 놓는 풍속이 있었어요. 옛날에 가난한 나무꾼이 섣달그믐 저녁에 혼자 나무를 해 가지고 오다가 길가에서 쉬고 있었대요. 그때 도깨비들이 모여 "아, 배고파. 누가 먹을거리만 주면 부자로 만들어 줄 텐데."라고 말했어요. 그 소리를 들은 나무꾼이 자기가 먹으려고 가지고 갔던 메밀묵을 그 자리에 두고 왔대요. 그랬더니 그날 밤 도깨비들이 산을 깎고 개울을 메워 논밭을 만들어 주어 그 나무꾼이 부자가 되었다고 해요.

조선의 불꽃놀이
《화성행행도팔첩병》 8폭 병풍 중 한 폭인 〈득중정어사도〉예요. 정조가 화성 행궁의 득중정에서 활쏘기를 마치고 불꽃놀이를 하는 광경을 담은 그림으로, 조선 초기에는 해마다 연말연시가 되면 궁중에서 불꽃놀이를 벌였어요.

궁궐에서도 섣달그믐에는 묵은 잡귀를 쫓고 좋은 기운을 불러들이기 위해 여러 가지 행사를 했어요. 그 가운데 대표적인 것이 '나례'예요. 여러 가지 가면을 쓰고 북과 금속 타악기를 치면서 궁궐 이곳저곳을 돌아다니는 행사였어요. 또 대궐 안에서는 섣달그믐 전날 대포를 쏘고, 지방 관아에서는 소총을 쏘고 징을 울렸어요. 그리고 왕의 건강을 책임지는 내의원에서는 나쁜 기운을 쫓는다는 알약인 '벽온단'을 만들어 왕에게 바쳤지요. 왕은 설날 새벽에 벽온단을 향처럼 피웠어요. 벽온단을 빨간 주머니에 넣어서 차고 다닌 사람도 있었다고 해요.

남은 음식을 처리하던 비빔밥

섣달그믐에는 비빔밥을 주로 먹었어요. 비빔밥을 '골동반'이라고도 해요. 골동이란 여러 가지 재료를 모았다는 뜻이에요. 새해가 시작되기 전에 남은 음식을 처리하기 위해 여러 가지 반찬을 섞어 비벼 먹었지요. 비빔밥은 지방마다 들어가는 가짓수가 조금씩 달라요. 그 지방의 특산물을 고루 섞어 만들기 때문에 제각기 독특한 맛이 있었답니다.

이 밖에 유과나 강정, 다식 같은 한과는 만드는 데 시간이 오래 걸려 설날을 대비하여 미리미리 만들어 두었어요. 인절미나 절편 같은 떡이며 수정과나 식혜 같은 음료도 마찬가지였어요. 이처럼 설날 음식을 준비하는 섣달그믐은 먹을거리가 많았겠지요? 그래서 '섣달그믐에 개밥 퍼 주듯 한다.'는 속담도 있답니다.

섣달그믐 밤에는 잠을 자면 눈썹이 희어진다고 해서 밤새도록 윷놀이

를 하거나 이야기를 하며 밤을 새웠어요. 아이들이 못 참고 잠이 들면 눈썹에다 밀가루나 분을 바르거나 얼굴에 숯검정을 칠해 놀리기도 했답니다.

빚이 있는 사람들은 이날 모두 갚았어요. 하지만 빚을 갚지 못했다 하더라도 돈을 빌려 준 사람은 설날부터 정월 보름날까지는 갚으라는 말을 하지 않았어요. 새해를 잘 시작하는 게 중요하니까 새해 초부터 돈 달라고 말하는 건 인정머리 없다고 여긴 거지요.

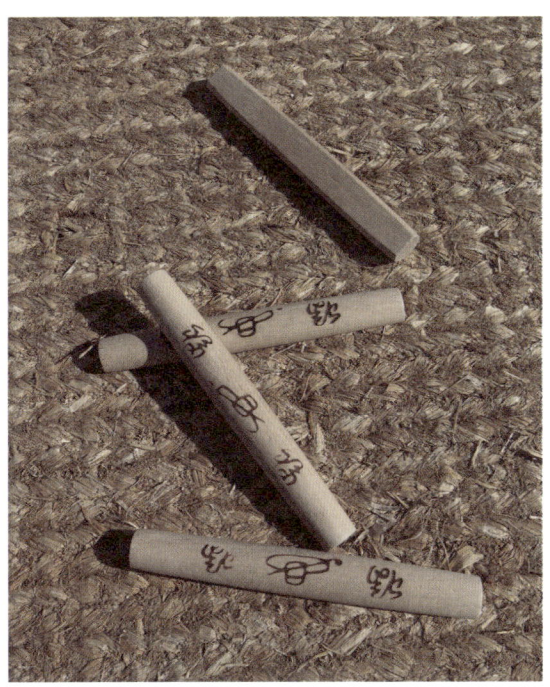

윷놀이
편을 갈라 윷으로 승부를 겨루는 놀이예요.
윷 네 개를 던져 뒤집힌 모양을 보고
도, 개, 걸, 윷, 모 다섯 등급으로 나누어요.
그리고 등급에 따라 윷판 위에 있는 말을 움직여
모두 네 개의 말이 먼저
최종점에 들어오는 편이 이긴답니다.

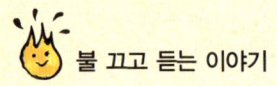 불 끄고 듣는 이야기

조왕신은 고자질쟁이

　옛사람들은 산과 강, 나무와 돌 같은 데에도 신이 있고 집 안 여기저기에 신이 다 따로 있다고 믿었단다.

　부엌을 지키는 신은 '조왕'이라고 해. 조왕은 자기가 사는 집의 사람들의 죄를 옥황상제에게 일러바치는 게 일이었단다. 일 년 내내 부엌 아궁이에서 살다가 섣달그믐이 되기 닷새 전에 하늘의 옥황상제에게 올라가서는 자신이 사는 집의 일을 하나하나 일러바친다는 거야.

　"저기요, 길동이네 아버지는 술을 너무 많이 마시고요, 길동이 엄마는 밥을 너무 많이 먹고요, 길동이는 공부를 안 해요."

　그러고는 섣달그믐이면 옥황상제가 정해 준 복이나 재앙을 가지고 자기가 살던 집 부엌으로 돌아온대.

　조왕이 다시 오는 날이니 섣달그믐 밤에는 부엌에도 밤새 불을 밝혀 조왕을 맞이했어. 그런데 이날 잊지 않고 해 둔 게 있었어. 바로 아궁이에 깨엿을 발라 두는 거야. 엿은 달콤하지만 끈적끈적하고 잘 달라붙잖아.

그러니까 조왕이 깨엿을 먹다가 입이 찰싹 붙어 버리라는 뜻이었지. 그렇게 되면 앞으로는 옥황상제에게 올라가도 집안의 나쁜 일을 일러바치지 못할 것 아니겠니.

고자질쟁이 조왕이나 그 조왕의 입을 깨엿으로 붙이려 했던 우리 조상이나, 모두 익살스럽고 참 재미있지.

열두째 마당

그 밖에 명절들

영등 | 비바람이 몰아쳐야 좋아요 ········ 126

4월 초파일 | 집집마다 등불을 밝혀요 ········ 128

삼복 | 여름 더위를 물리치는 날 ········ 130

백중 | 하루 즐겁게 놀아요 ········ 131

중양절 | 단풍놀이 가요 ········ 132

상달고사 | 집 안 신들에게 고사 지내는 날 ········ 133

영등
비바람이 몰아쳐야 좋아요

　영남 지방과 제주 지방에서는 2월 1일을 '영등'이라 하여 영등 할머니에게 제사를 지냈어요. 영등 할머니는 바람을 일으키는 신으로, 하늘에 살다가 음력 2월 1일에 인간 세상에 내려오고 20일에 다시 올라간다고 해요. 영등 할머니가 인간 세상에 내려올 때 딸을 데리고 오면 살랑바람이 불지만 며느리를 데리고 올 때는 비바람이 몰아친다고 해요. 며느리 치맛자락을 비에 얼룩지게 하려는 영등 할머니의 심술 때문이라는데, 이상하게도 사람들은 이날 비가 와야 풍년이 든다고 생각했어요.

　그러니까 영등 할머니가 며느리를 데리고 와야 좋다는 거지요. 이 말은

아무리 밉다 해도 며느리야말로 진짜 내 식구라는 옛날 사람들의 생각에서 나온 게 아닐까요? 그래서인지 농촌과 어촌에서는 이날 풍년과 풍어를 빌며 영등 할머니와 며느리에게 풍신제를 지냈어요. 이것을 '바람 올린다'고 했답니다.

4월 초파일
집집마다 등불을 밝혀요

　4월 초파일은 부처님이 태어난 날이에요. 요즘도 초파일이 다가오면 거리에 등이 내걸리고 손에 손에 등을 들고 행렬을 벌이기도 하지요. 불교에서 어둠을 밝히는 등불처럼 깨달음을 전한 부처를 받들고 자신의 마음을 밝힌다는 뜻을 가지고 있답니다.

　고려 시대의 팔관회나 연등회는 나라에서 벌인 아주 큰 연등 행사였어요. 하지만 이런 행사는 주로 정월 보름날이나 2월 보름에 열려 풍년을 기원하고 나라의 복을 빌었어요.

4월 초파일에 온 백성들이 연등을 밝히게 된 것은 고려 말 공민왕 때부터로 알려져 있어요. 왕이 이날 직접 등불을 밝히자, 이때부터 일반 백성들도 집집마다 초파일 등을 밝혔지요.

　아이들은 한 달 전부터 종이를 오려 깃발을 만들어 들고 다니며 등을 만들 쌀과 베를 구하러 다녔지요. 초파일이 다가오면 며칠 전부터 집집마다 아이들 수대로 등을 달고 자녀들의 건강과 복을 빌었어요.

　이날 밤엔 사람들은 산기슭에 올라가 등이 달린 거리를 구경하기도 하고 등을 들고 거리를 돌아다니며 떠들썩하게 즐겼어요. 이런 관등놀이의 풍속이 지금까지 이어지고 있는 거예요.

삼복
여름 더위를 물리치는 날

음력 6월에서 7월 사이, 가장 무더울 때에는 10일 간격으로 삼복인 초복, 중복, 말복이 들어 있어요. '복'은 꺾는다는 뜻으로, 복날은 여름 더위를 피하는 것이 아니라 이겨 내는 날이에요. 조선 시대의 세시 풍속을 적어 놓은 《동국세시기》《열양세시기》 등에는 "복날 개장국을 끓여 양기를 돋운다." "개장국을 먹으면서 땀을 내면 더위를 물리치고 몸이 허하지 않다."고 적혀 있어요. 또 조선 시대에 나온 여러 요리책에는 개장국 끓이는 법까지 자세히 나와 있답니다. 우리 조상들이 더위를 물리치기 위해 먹은 복날 음식 가운데 개고기를 최고로 쳤다는 것을 짐작할 수 있지요.

개장국을 즐기지 않는 사람들은 햇닭에 인삼을 넣고 고아 만든 삼계탕을 즐겼어요. 실제로 삼계탕은 원기 회복에 도움을 준다고도 해요.

이 밖에도 나쁜 귀신을 물리쳐 더위도 막고 병에도 걸리지 않는다고 여겨 삼복 중에 뜨거운 팥죽을 쑤어 먹기도 했답니다.

복날을 잘 넘겨야 해!

백중
하루 즐겁게 놀아요

여름에서 가을로 넘어가는 문턱인 음력 7월 15일은 백중이에요. 백중이란 '백 가지 곡식의 씨앗'을 갖추어 놓았다고 하여 생긴 말이에요. 이때쯤이면 논밭의 김매기가 끝날 때여서 농사일을 하루 쉬면서 돌아가신 조상님께 제사를 지내고 몸에 좋은 음식을 먹으며 기운을 돋웠답니다. 머슴이 있는 집에서는 이날 하루 머슴들에게 용돈도 주고 휴가도 줘 즐겁게 놀게 했어요.

이날 여럿이 함께 즐기던 놀이를 '백중놀이'라고 해요. 김매기가 끝났으니 호미를 씻어도 된다는 뜻에서 '호미씻이'라고도 불렀어요. 열심히 일한 뒤에 하루 쉬는 것인데도 그럴듯한 이유가 필요했던 걸까요? 우리 조상들은 이날은 산신이 곡식을 영글게 해 주는 날이니 사람이 들에 나가 일을 하면 산신한테 방해가 된다고 생각했답니다.

중양절
단풍놀이 가요

　음력 9월 9일 중양절은 중구, 중양 또는 중광이라고 해요. 중구는 9가 겹친다는 뜻이고 중양, 중광은 양이 겹친다는 뜻이지요. 원래 중국에서 온 세시 명절로 중국에서는 이날 높은 곳에 올라가 국화를 보며 하루를 즐겼대요.

　이를 본떠 우리나라에서도 중양절에 단풍이 곱게 물드는 산을 찾아 하루를 즐겼지요. 일반 백성들보다는 여유 있는 양반이나 벼슬아치들이 챙겨 지냈던 날이었어요.

　중양절 별식은 가을철에 활짝 피는 국화로 만들었어요. 국화전과 국화주를 들고 끼리끼리 어울려 하루를 즐겼지요. 요즘의 가을 소풍이나 단풍놀이라 할 수 있지요.

　중양절이 지나면 제비가 다시 강남으로 돌아가고 뱀과 개구리가 겨울잠에 들어가며 모기도 없어진다고 했어요. 그리고 이맘때 약초의 효험이 가장 높다 하여 약초를 뜯어 저장하는데, 이때 뜯은 약초를 '구절초'라 하여 높은 값을 받았답니다.

상달고사
집 안 신들에게 고사 지내는 날

농작물 수확이 끝난 음력 10월은 일 년 열두 달 중에 가장 '높은 달'이라 하여 '상달'이라 해요. 상달에는 터주, 성주, 조왕처럼 집 안에 있는 여러 신들에게 감사를 드리는 고사를 지냈어요. 이를 '상달고사'라고 하지요. 상달고사는 고구려의 동맹, 동예의 무천, 부여의 영고나 고려의 팔관회처럼 고대 사회에서 지내 오던 추수 감사 의식이 이어진 거예요. 나라에서 벌이던 추수 감사 의식이 조선 시대에 와서는 집 안 행사로 규모가 줄어든 거지요.

상달고사는 주로 어머니들이 지냈어요. 팥 시루떡과 백설기, 술 등을 준비해 안방을 비롯하여 사랑방, 머슴방, 볏가리, 쌀뒤주, 장독대 등 집 안 곳곳에 조금씩 차려 놓고 절을 하고 손을 모아서 빌거나 축원을 하는 식이었답니다.

설날 음력 1월 1일
설날 아침에는 일가친척들과 동네 어른들에게 세배를 해요.

정월 보름날 음력 1월 15일
보름달이 뜨면 쥐불놀이를 하고 놀아요.

섣달그믐 음력 12월 30일
섣달그믐 밤에 잠을 자면 얼굴에 검정 칠을 하며 장난을 쳐요.

한눈에 보는

동지 양력 12월 22일
일 년 중 밤이 가장 긴 날이에요. 팥죽을 먹으며 나쁜 기운을 몰아내요.

추석 음력 8월 15일
보름달이 뜨면 손에 손을 잡고 강강술래를 해요.

명절 풍속들

한식 양력 4월 5·6일경
조상님의 산소를 찾아가 성묘를 해요.

삼짇날 음력 3월 3일
산과 들에 꽃이 피고 온갖 동물들이
겨울잠에서 깨어나요.
강남 갔던 제비가 돌아오지요.

단오 음력 5월 5일
몸에 좋은 음식을 먹고
그네뛰기 같은 놀이를 하며
풍년을 기원해요.

칠석 음력 7월 7일
장독 위에 정화수를 떠 놓고
가족의 건강을 빌어요.

유두 음력 6월 15일
새로 수확한 과일을
조상님께 먼저 올려요.

원작 이이화

1937년 대구에서 주역의 대가이신 야산(也山) 이달(李達)의 넷째 아들로 태어났습니다.
어릴 때부터 한문학자이신 아버지에게서 한문 수업을 호되게 받았습니다.
하지만 학교에 보내 주지 않아 소년시절 몰래 가출을 해서 고학을 하였습니다.
한때 문학에 열중하기도 했으나 청년이 되어 우리나라 역사 공부에 열중했습니다. 평생 우리나라 역사에 매달린 셈이지요.
우리나라가 어떻게 발전해 왔는지, 어떻게 고난을 겪었는지를 따져 보는 역사책을 쉽게 풀어 써 왔습니다.
그 결과 《한국사 이야기》 22권과 《만화 한국사》 10권 등을 펴냈습니다.
또 《찬란했던 700년 역사, 고구려》 《해동성국 발해》 《녹두장군 전봉준》 등 청소년의 읽을거리 책도 지었습니다.

글 박남정

책 읽고 글 쓰는 재미에 빠져 어린 시절을 보냈고 이화여자대학교 국문과를 졸업했습니다.
〈출판저널〉에서 책을 소개하고 책에 관해 이야기하는 일을 하며 행복한 시절을 보냈습니다.
지금은 충청북도 괴산에서 농사를 짓고 틈틈이 글을 쓰며 지냅니다.
펴낸 책으로는 《곰 아저씨의 딱새 육아일기》 《고추아저씨 발명왕 되다》 《초딩, 자전거 길을 만들다》 등이 있습니다.

그림 김미정

이화여자대학교 생활미술학과를 졸업했습니다.
그린 책으로는 《세상에 소문난 공부의 달인들》 《마주보는 지식라이벌-우리역사》 《마주보는 지식 라이벌-세계문화》
《마주보는 지식 라이벌-세계지리》 《손에 잡히는 과학교과서-액체와 기체》 《질문을 꿀꺽 삼킨 사회 교과서-경제》
《재미있는 옛날 풍습-관혼상제》 《거짓말》 《어린이를 위한 시크릿 카네기 캠프》 《꼬들꼬들 마법의 세계 음식책》
《시티투어버스 타고 한눈에 보는 서울》 《외우지 않아도 쏙쏙 들어오는 초등정치 생생교과서》 등이 있습니다.

목록 선정 역사사랑

전국역사교사모임 내의 연구모임으로 1998년 고려대학교 역사교육과 출신
중·고등학교 현직 교사 6명에 의해 시작되어 현재 14명의 회원이 활동 중입니다.
학생들의 사고력과 창의력을 높이기 위한 다양한 수업 모델과 평가 방법을 연구하고 있으며,
연구 활동의 결과물들을 실제 수업에 적용하여 검증·보완하면서
보다 유익한 역사 시간을 만들기 위해 노력하고 있습니다.
〈이이화 역사 할아버지가 들려주는 이야기〉 시리즈의 목록 선정에 도움을 주었습니다.